U0035589

生命大學

真正的幸福始終來自智慧

關於決定自己的未來

現在的你，無論貧富或老少，
都可以好好善用我們所擁有的生命，
創造最有價值的未來。
利用本書，提供你更深層的思惟與觀察，
在圓滿的生涯規劃中，掌握時間與空間的因緣，
決定自己的未來。

幸福必修學分指數★★★★★★

洪啟嵩◆著

●──序

關於生命的未來乃至於來生，我們都可以自己做決定與合理的規劃。未來的時空世界，也是立基在現前的實相世界，由我們共同的意識行為所企劃建構。將自我生命的光明幸福、來生生命的創造規劃，乃至宇宙重生、開天闢地的宏大企劃；落實在我們無生無滅的生命自身，是一場極有意義的生命發現。

不知道路徑的人，可以向了知路徑的人詢問路途，而已知路徑的人，更應告訴大家他所知曉的道路；大家一同攜手走向無量光明的未來，這不是十分有趣嗎？從過去生、現在世到來生，是相續不斷的過程，如果我們能夠體悟這一條生命之道，必將使我們在無盡的生命旅程當中，避免了許多的困頓、遺憾、錯誤，乃至痛苦。並從有效的規劃當中獲得更圓滿的幸福與光明，終至得到終極的智慧與慈悲。

如果更多的生命，能夠共同看到了生命之道，並一起奮力向前，就能創造未來無量光明的宇宙時空，讓生命圓融共生，創造喜樂幸福的淨土。

我們的夢，將創造未來的真實。現在將這一本書獻給大家，幫助各位好好的做一個未來真實的夢。希望這一本書能夠帶給您希望與力量，共創我們的光明與幸福。黎明已至，何不共創未來的喜樂圓滿！

目 錄

第一章

·觀察時空的變革·

美麗新世界

我們目前的決定、所做的事，都會影響未來的自己，因此，關於決定自己的未來，先要對目前自己所處的環境做最好的瞭解，而達到知己知彼百戰百勝的成果。

近兩百年來，由於知識的成長，市場的自由競爭與擴張及資本的累積，帶來廿一世紀的高度物質文明，讓我們在各方面都能享受豐富的物質生活。而近五十年內人類在電子、航太科技和生物科學的革命性突破，更為人類帶來許多重大的變革，這些變革為我們帶來美麗的未來願景，在我們享受著高科技生活的同時，也存在著隱藏性的危機與困局。

高科技時代的生活

在電子科技上，電腦的發明與不斷的創新，各種科技上運用，使我們對科學的探討愈來愈精密；在醫學上，更成為醫師不可缺乏的工具，尤其是在醫療網路的功能上，更是不可缺少的重要媒介。

電腦甚至是深入於每一個家庭，使人們在生活上有莫大的助益與便利，節省了很多的時間。可以想像，未來的人類將不需要太多的工作時間，一切都有電腦機器人的幫助；而且電子的發展愈來愈精細，使得日後人類的壽命也將因它而延長，各種人工輔助臟器，將取代功能逐漸衰退的人體器官，使未來人類的身體變成內部電子機械，外部是真實血肉的人，在時間上產生很大的變化。

空間上的改變也超乎我們的想像了。由於飛行工具的發明，使人的交通由海陸進展到空中。人們可以在天空中像鳥一般的飛行，已經不再是夢想了；更因航太科技的發展，當美國太空人阿姆斯壯成功登陸月球後，人類對於太空的發展，有著更多的憧憬與想像；未來人類會因為各種飛行器的發明，個人擁有各式各樣的飛行器將不是夢想，可以自由的遨翔天空；更由於各類的太空實驗站的設立，方便人類對於地球以外的星球做更多的研究。未來人類移民太空或到其他星球生活的夢想，將有實踐的可能。

在遺傳基因工程的研究中，生物學家在一九五三年，發現了染色體中的去氧核糖核酸ＤＮＡ的結構，與自我複製造成細胞分裂的功能，使得ＤＮＡ遺傳密碼及密碼轉譯的控制細胞之化學現象逐漸被發現，到一九七〇年代，生物學家已經發展到

ＤＮＡ分子可以碎裂成片；也可以用新技術控制並重新組合。從某種基因移轉到另一種細胞的染色體中，例如新甲細胞的ＤＮＡ分子碎裂片段而與乙細胞的ＤＮＡ結合，製造重組出新的ＤＮＡ，使新的乙細胞擁有原來細胞體所沒有的基因，或是其他生物體中不曾出現的基因。

這種基因的控制發現，將使人類的優生學有進一步的發展，這遺傳基因工程的改變，運用在各種動植物身上，產生各種比以前更好更優良的新品種；運用在人體上，人類從前的遺傳疾病將因此消失於世上，由於基因工程的修改，人類老化的問題將得到控制，使人類的生命得以延長。

在這三方面的變革，使人類未來的世界將變得更美好。雖然這變革不能讓疾病完全消失在人類世界，但能使各種嚴重的疾病、危險的傷害減至最小，控制種種的痛苦，幫助人類生命的延長，使人類的世界綿延不息。

更因生物基因工程的技術發展，在食品科學上的能力升級，食物的產量及品質都將提高，使未來的人類，將不再破壞生態去開發其他各種資源，也不會有食物短缺的困擾，各種所需的燃料、原料、能源，亦可藉生物科技的發展很容易地得到滿足。

未來世界的人類，會因此變得需要工作的機會越來越少，

未來世界是美麗幸福的新生活

在飲食方面會吃的越來越好，未來的世界似乎是美麗幸福的新生活。

雖然人類對未來有著美麗新世界的希望，但同時也面臨生物科技發展所帶來的危機，我們所面臨的問題是整個地球的生態危機。

我們面臨的危機

地球已經進入一個布袋蓮的時代，也就是自我複製擴而終至滅亡的時代。就像在一固定面積的池塘裡，布袋蓮不斷地繁衍下一代，到最後增加的速度太快，水池無法相對地供給空間、養分而造成集體的死亡。

整個地球生態也進入了嚴重失衡的地步，全面性的環保已經刻不容緩了，否則以後我們的子孫出門在外一定要戴太陽眼鏡，不然會被太陽光刺瞎雙眼。或是要穿著特製的外衣來保護皮膚，否則一曬到太陽就得皮膚癌！

因此，我們要了解現有的因緣條件，而去行動智慧的下一步。整個人間、人類、地球的問題根源在於心靈，因為心的染污才形成環境的染污，因為心的霸道才造成對生態的霸權心態，因為心的我執自私，才會以自我為中心的暴力去對待其他的生物。

空氣的品質愈來愈差，水質的污染，海洋的污染，臭氧層等等的問題，人類以外的動物漸漸瀕臨絕種，而人類人口數卻急速地上升，以至於糧食、石油等等資糧的分配產生困難。

這些種種的困難經由污染的心靈去面對，更會形成另一種危機——種族自我彼此間的霸權殘害，形成人類彼此之間弱肉強食，弱者則會再繼續累積他的資源、力量，於一段時間後奪回控制權，彼此之間將形成反覆的侵害。再加上外在的環境的惡劣，而人類共同的生存能力也一步步地減弱當中，最後如同布袋蓮的命運就會產生了。

人類不但對大自然展現其我執的心態，更對彼此之間展現我執：像有一回，日本發生大地震造成日本國內很大的損害與震驚，因為日本處於地震帶上，防震的知識與技術都是世界一流的，竟然在日日防範的地震面前，親自證實了自己的失敗，這對日本社會及其民族自信心造成很大的傷害。

那時世界各國紛紛表示關心，並派遣專家前往援助，我國也派人去考察地震的狀況，並學習整個防震的過程，雖然是次失敗的例子，但仍然有參考的價值，而日本方面竟然拒絕。

日本發生了地震損失慘重，那麼多的生命財產在一剎那消失，對於這樣的悲劇我們都感到哀悽，但是地震所造成的前因後果，是個特別的經驗，是全人類皆應記取教訓的寶貴經驗，是全人類共同的經驗，應該讓大家趕快學習、了解，以作為彼此以後共同解決問題的資料。但是為了國家的顏面，日本卻拒絕他國前往，真是太可惜！

當人類面對這樣的災難時，其心態應該以生命為重心，這絕對跟面子一點關係都沒有，他們的反應如果是：「是的，我們實在受傷很慘重，哪個地方實在沒有處理好，哪方面需要救助……。」這其中是把自己的經驗告訴別人，讓大家都能獲取經驗，這樣才夠義氣！才夠朋友！像古龍小說《多情劍客無情劍》裡的小李飛刀，他的一位朋友嵩陽鐵劍，故意以自己的身體去讓荊無命刺，然後把自己的身體吊起來，讓小李飛刀從傷口去判斷對方的劍法，以便小李飛刀對付他。

為了面子問題，就是我執的思維，我們習慣用我執來思維，這樣的思維是錯誤的，大則造成自我滅絕。

日本是個號稱很守秩序、紀律的國家，這是他們國家發展的因緣，但是這次的地震在救災上，是因為他們在第一時間沒有上級命令而無法立即動員，所以在救災上喪失了時機，而且他們本國人民都認為救濟的工作政府會做，所以民間並沒有慈善團體發起什麼救災捐款，反而是慈濟先主動救災。所以說在守法、守秩序、多禮的背面卻是沒有感情的，而由此發展逐漸強大的日本，它的衰微因緣恐怕也會在此出現。這也是我們要說的：成長動力即是毀滅動力——我執。

當人類想要好好面對環保問題時，彼此之間卻也依然不改地以霸道的方式相互對待。美國、歐洲國家以已開發國家的高姿態，強迫那些經濟落後的國家要做好環保，而他們卻早已享受浪費了人類大量的自然資源，然後才反過來要求別人，不准用那所剩不多的資源。這是否合理呢？

並不是說大家不要做環保了，而是如何來幫助彼此在這個地球上生存更好，而不是只有自家的院子美妙就好。要平心衡量自己過往如何，再看看別人需要什麼，這樣才是人類彼此之間共享受共承擔的平衡思惟，也就是全球思惟。

如果人們再以我執為動力，再以擴張自己為生活的目標，這就會形成人間魔咒，而生命的困局、人類的危機、地球的危機將如影隨行。

人類文明的省思

人間現在的狀況，面臨許多困局，物質文明不斷地向前衝，但屬於心智的文明卻在門檻低盪。整個民主化是合理的，但是在民主化的過程中，由於人的品質，一般而言是向下性大於向上性，所以產生了困局。

政治

從古往的帝制時代，到今日的民主時代，近一百年來，許多單一的制約、價值觀不斷被多元化取代。

在民主的本意中，大家是要相互尊重的。但是，觀察民主演化至今的結果，許多人只是將民主當做利益分配的工具，這和民主原本高貴的立意並不相應。這是無可奈何的，我們也不能斷言這樣一定比古代差，我們可以說古代的專制是一個大惡，到了民主時代，這個大惡沒有了，卻分散成許多小惡。如教育、道德，完全糾纏在一起，整個水準往下拉平，人類似乎很難再有高貴的崇仰。受此影響最明顯的是青少年。在一九二〇、三〇年代，美國青少年犯罪率大增，幾乎在民主化、大量消費推廣所至之處，都會造成這種情況，這是一個事實。

或許目前最好的政治型態是民主的選舉方式，許多人共同來選舉，在上位者運用各種手段，勾引出選民眼、耳、鼻、舌、身、意等種種欲望，讓選民投他一票，也是由貪、瞋、痴所成，但目前這大概是最好的方式。這裡面所玩弄的多是政治遊戲，大部分的人都把人民當做一種手段，他們代表人民來壓制人民。

民主與專制極權相較之下，大家的生活似乎好過一點，其本身仍然存在許多問題。

資訊

媒體快速發展的結果，強迫我們每天要接受大量的資訊，現在的媒體如果沒有刺激就無法生存，接受資訊的大眾也逐漸適應了，漸漸變得需要更強的刺激才能滿足感官的需求。

但是，我們是否要回過頭來反問自身：是不是每個人都中毒了？

有人說：「我們要尊重大眾的自覺！」這是不可能實現的！因為沒有教育，哪來自覺？尤其是連教育本身也產生問題的時候。

過去許多的道德、共有的規範，雖然不一定必然要如此遵從，但是，不可否認的，它直接崩潰之後，在尚未找到替代者之前，會有許多亂象產生。

法律

整個人類在世間的創立過程是從最基礎的生物世間，慢慢建立到為了相互安立生存的法律世間，這是規範人的關係。在法律世間又出現了道德世間，指導人的心靈，讓人這個主體不去做傷害他人的事。從道德世間更進入精神世間。一個精神世間涵蓋了道德心，尊重一切，更加昇華，了悟宇宙更深化的意義。由此精神世間，攝入形而上、宗教的世間。

從精神世間，我們必須更進一步昇華到解脫世間，了悟宇宙的真諦是一切無我現空的，這是聲聞、緣覺二乘聖者的世間，解脫的世間。從解脫世間再進入菩薩世間，不斷救度眾生，上承佛法，下化眾生，上下雙迴向，大悲救濟，永不停止。再從一個菩薩世間昇華到全佛世間。我們希望人間是朝著這個方向來進化。

我們個人在這之中，不斷昇華，不斷向上，圓滿一切眾生成佛。人間在人類歷史當中所創造的整個因緣，有種種問號，這個文化反映了一個時代特有之思惟、創造，它是很可貴的，但是文化同時也具足了人類的貪、瞋、痴，所以有其我執，有其傷害性，我們必須將其昇華，變成完全開放性的，只有美麗的創造，不斷的示現，而不含任何強制、傷害。

真正究竟的人類文化，應該是以人為中心來服務一切生命，而非以人的利益為中心來壓制其他生命，使其他生命來配合我們。我們要昇華既有的文化，而非以一強勢文化去壓制其他非主流文化，造成文化帝國主義。我們必須了解這點，並超越它。

教育

現前所有的教育幾乎都在教導我們如何成功，但是現在多元化的結果，成功的定義模糊了，原本所定義的成功、美德，現在反而變成失敗，被人嘲弄的對象，以往的價值體系完全崩潰了，許多人自暴自棄。自暴自棄成了常態之後，大家就反過來嘲笑成功。

這是很無奈的，在資本主義盛行、民主化的過程中，結合了人類的欲望，就會產生很多畸型的現象。

我們如何以現有的教育來導正這些現象呢？現在的教育只能順著潮流，並適應這個潮流，如何能力挽狂瀾？現在大家對「大同世界」、「忠孝、仁愛、信義、和平」大多是嗤之以鼻，現在如果提倡道德重整等等，是會被人取笑的。似乎大家的心放開之後，以往建立的強力架構已經散掉了，沒有取代者出現。

當然，原來的架構也是有問題的，但是比起現在的問題是小多了。以「禮貌」為例，禮貌是使人彼此之間減低衝突的潤滑劑，禮貌在中國是經過幾千年的文化發展出來的，雖然這其中仍有許多問題，但是禮貌過於僵化之後，就變成了吃人的禮教，不再是融攝的功用。

現在的世界可說是「無禮的世界」，當自己一個人覺得鬱悶時，可以在三更半夜把音響開得震天響，如果其他人不滿，可能會用開得比他大聲的方式來抗議，每個人都覺得自己有道理，認為自己有權利如此做。但是反過來自己熟睡時被別家的音響吵醒，他還是會破口大罵。這就是無禮了。

再以「握手」的例子來說，以前握手的方式是溫和的，現前卻時行很猛的，甚至冷不防地猛拍他人的背以表熱誠，這在過去是無禮的方式，現在卻是流行的。

我們可以從中看出現代人的身、口、意各方面都日趨無禮的狀態，人和人之間漸漸失去緩衝地帶，許多情緒爆發出來後，直接衝擊到彼此，因此人與人之間的衝突也日漸增加了。

另外一個現象就是人們變得非常沒有耐性，常常心中所想的，很直接就付諸行動。以前我們即使很想打人，多半也很少直接爆發，只是心中很想很想，即使是想打人，想殺人，也只是心裡一直想，還不至於立即付諸行動，現在卻是想打就直接打，想砍就砍，只要我喜歡有甚麼不可以。以前心裡不好的想法只能偷偷的、小小的想，現在卻發現：不但可以大大的想，還可以做！於是就真的去做了。

這一切都是「毒品」，沉浸在其中的人都中毒了，如果一天到晚在重金屬樂中，能不發瘋嗎？但是現在媒體、文化、消費都是如此，讓人中毒。

毒品

也許在這個情況下，我們勉強還能自制，但是當大麻、海洛因等毒品再加進來運作時，問題就更加擴大了。

毒品的泛濫是世界性的問題，它使社會上充滿許多不定時炸彈，大部分的人在平時並不會太大膽，但是吸食毒品之後，就完全無法自制了。也許在不久的將來，海洛因不再被視為毒品，安非他命不再是毒品，就像美國慢慢接受大麻和迷幻藥一般。在不久的將來，我們可能會視躺在路旁因吸食海洛因而赤身裸體、大哭大笑的男男女女為平常事，那些抽搐、狂吼都是正常的。

如果是一隻狗、動物在地上亂滾、狂哮，我們可以接受，因為那是狗，是動物，但是在未來，可能人類的行為如此也被視為平常了，這是人類文化的退化。

藝術

在藝術、文化方面，我們要反省到：表達本能的欲望就是藝術嗎？或是我們表達困頓時的莊嚴才是藝術？我們能不能在其中獲得寧靜？我們是要把人類的美學從過去所建構之人的美學、人的藝術，拉到屬於修羅的藝術，或是餓鬼、地獄、畜生的藝術？我們不禁要問：難道人類所有的藝術都是在表達我們的衝突和欲望嗎？難道一切的藝術都只是在表達我們的痛苦、憤怒嗎？或是只在表達我們的貪欲？

對藝術的思惟、美的定義，我們要思惟清楚。如果大家都如此定義，我們接受也無妨，但是，除了這些之外，還有屬於天界的——寧靜、清淨的藝術，屬於二乘聖者的藝術——解脫的藝術，屬於菩薩的藝術——大悲的藝術，屬於佛的藝術——悲智圓滿的藝術。

科技

這一百年來，人類的文化快速地初始化。和原始時代不同的是：以前的原始人即使再兇猛，也是一雙拳頭、石器，但是現在人類的技術太高明了，要發洩的人有各種方法，用槍瘋狂掃射，開車在街上橫衝直撞，甚至飛機駕駛員駕飛機自殺，將來可以做的事太多了，進入網路的時代，犯罪的型態更是層出不窮。

現代人可比古代的秦始皇厲害，現代人可以設計一套東西來讓幾千萬人發瘋；在過去的時代，大家都知道秦始皇所在的位置，頂多逃出他的國家就可以不受迫害，現在呢？也許某個人設計一種潛藏在洗衣粉裡的毒菌使人發癢，或在食物中加入荷爾蒙，使人男不男，女不女，或在香煙裡加入海洛因、大麻等等，讓人防不勝防。像當年日本發生奧姆真理教施放沙林毒氣，以製造符合末世教義後，未來的恐怖組織利用生化武器，或是基因工程改造術來威脅人們的可能大為增高。

人類相互學習墮落，在文化共振中學習彼此墮落的一面是很快的。而非屬原始本性的部分、較高貴的部分，都是要學習的，如：自制，如：他人的物品不應侵占等。在越來越快的共振中，人們越來越排斥這些學習自制的過程。

除了在善惡價值判斷的問題之外，資訊的影響也很大，因為我們沒有受過抉擇資訊的訓練，所以這方面的能力太弱了，再加上現代的資訊量龐大，使大家更加沒有耐性抉擇，越快速越好。

在現代的台灣，我們很難想像：一個總統能設計出一套長達廿年的施政計畫——因為他的任期只有四年，所以他一定要設計兩三年就能得到效應的計畫。

國際共同體

在人間淨土發展的過程中，人間之間的國界應可逐漸消失，但是，每一塊土地都應該以其自身的因緣、特色，來參與整個地球的文化貢獻、經濟貢獻、政治貢獻，再慢慢地將其推向完全的人間淨土。

我們現前的世間，兩個政治與國際之間的運作方式同時解體，一種是盡量消除國際之間的衝突，如歐洲共同市場，現已邁向共同的政治組織。另一種，如蘇聯，整個聯邦瓦解，產生許多民族獨立國家，每一個國家都希望獨立。甚至如波希尼亞，乃至台灣，這些沒有民族問題的地方，也產生新的問題。在新國家獨立的過程中，許多地方產生了很可悲的現象，如：種族優越的情結，造成此種族對異族之大屠殺，或是屬於宗教的情結，對異教徒的屠殺。希特勒倡言日耳曼民族至上論，藉此來殘殺猶太人，這是人類共同的夢魘，這兩者很荒謬地同時進行著。

在這樣的過程中，事實上我們有更大的創造力，因為整個世界的共振會越來越嚴重。講求獨立並不是主流，在追求獨立的過程中，對某些人而言會產生很大的喜樂，但同時也造成很大的不穩，這樣的思惟會使整個國家在邁入廿一世紀時，被拋於整個快速發展的大趨勢之外。

我們如何在整個世界網路中，在融攝的體制中來迎頭趕上，同時以本身的特質奉獻於這個世間，進入世界網路就此安全，得到保護，或許這是另外一種思惟吧！

未來國際應該會慢慢走向無國界的，但是目前其中每一個國家都是在思惟自身的利益，如何超越這點？這正是我們目前所要超越的。

在現代的環境下，我們很難想像古代那種偉大的文明，現代只有速食文明的存在。面臨這種種困局，是我們應重新省思未來人類要往何處去的時刻了。

人類的再進化

這個世界到底該怎麼辦呢？人類被迫面臨再進化的壓力。

雖然情勢如此，但是我認為，人類絕對有超越的力量。所以我提出所謂：「第二進化」。也就是我們面對生命發展從過去到現在的時空困局，如何再進入不同於以往的生命新的第二進化，那是一種智慧跟生命悲心倫理的新進化，由此來讓我們能夠超越未來世紀的困局，這個時空的困局、人心上所產生的困境、知識上的困境、受到物質逼迫的困境，乃至整個外在的時空環境：水的污染、空氣的污染、溫室的效應，這些所有所有的問題都是對我們的挑戰，我們如何來超越？用甚麼方法來超越？

外在環境快速污染，如果我們的身心不再昇華，根本無法應付外在環境的變遷，雖然外在有很多物質資源、醫療資源來幫助加強身心脆弱的我們，但是我們若不能從身心淨化，徹底改變現在的身心基礎，是不足應付一切的迅速發展。

除了健康的身體之外，我們必須容納更廣大資訊的情緒平衡度。

處於資訊大爆炸的時代，我們擁有大量的垃圾資訊，每一個人的所見所聞，無不是令人眼花撩亂虛而不實的東西，把我們的頭腦都弄亂了。就像老子所講的，五音令人耳聾，五色令人目盲。現代人幾乎無法適應晚上沒有霓虹燈的世界，耳朵如果有一刻聽到沒有聲音，大家會以為發生了什麼事情。我們的心太擾亂了，所以現代人要具備強力的平衡感。

再來，我們必須有更高的智慧來做決斷，因為我們現在每一個人所擁有的權力，所擁有的能量，比過去的人大多了。

古代人，五百年前的人，他沒有想到一個人拿著一個汽油彈就可以把一個地方燒掉。他要縱火，還要拿很多的稻草來，也沒有打火機，要拼命用打火石打火吹氣才能完成縱火，而且可能還沒打火就已經被抓走了。現在只要拿汽油彈「咻！」一下就縱火成功了，還可以騎摩托車趕快溜走。摩托車的流動力很強，以前武俠小說的俠客還得跳很高，練幾十年的武功，才能輕而易舉的殺人。現在的暴走族，手拿西瓜刀，騎著摩托車，也不用像以前的人要把刀耍得很好，才能與人對殺，只要看得不順眼，就可以去砍人。一個小孩子他可能只是基於好玩，在打電腦時不小心侵入美國五角大廈的電腦機密系統，他很可能一個指令下去，就造成全球不可解救的核心危機。

人類文明發展至今，其中有很深刻的我執，而且還繼續累積、擴張。人類是否有能力隨時轉向，隨時適應各種因緣的變化？如果我執的執性更強，不可轉變性增大，又如何來解決呢？這是本書的目的，我可以肯定告訴大家：人類所有的文明，除了佛法之外，絕對沒有其他辦法徹底解決這個問題。

在整個歷史的發展過程裡面，我們老是認為現在這個困局解除了，接下來應該是沒有問題了，但事實卻非如此。

例如：世界局勢處於冷戰時代時，我們認為美國跟蘇聯的對立是這個世界上最大的危機，所以當蘇聯戈巴契夫開始把冷戰的氣氛、事情化解，把核子武器等發展凍結起來，然後蘇聯開始走向開放，但是開放的速度整個沒有協調好，結果承受不了，戈巴契夫就下台了，接著葉爾辛上台。當葉爾辛上台之後，我們會認為：整個蘇聯和西方國家的冷戰危機既然解決了，人類最可怕的核戰危機已經過去了，那麼葉爾辛出現應該可以好好建立蘇聯，所有事情都已經過去了。但是沒有想到，葉爾辛用來鬥爭戈巴契夫的工具——民族主義，也使整個蘇聯極權崩潰掉，但是同樣的，葉爾辛這個集團中也有人用民族主義來鬥爭他，這是不是一個活生生現前發生的輪迴呢？

當東德共產世界崩潰掉時，我們很驚訝，也很高興，認為心腹大患已經去除掉了，歐洲可以和平了，結果沒有想到東德跟西德會通之後，沒有多久就開始付出代價：東德人認為西德人看不起他們，東德人認為：「我們的生活並沒有改善，而且還失業，以前還可以由公家配給麵包吃，也有工作可以做，現在呢？反而失業，沒有東西吃。」西德這一方的人民，他們擔心整個經濟會被東德拖垮，因為要拿很多錢去填補東德人民，而使得整個生活水準降低，每一方都滿腹牢騷。蘇聯一垮掉，我們認為從此天下太平，但是沒想到，發生波希尼亞內戰、車臣的戰爭又起。所以說我們太不了解自己，我們太不了解整個生命集團性的運作，尤其是人們內在的很多問題。

我們或許還不能夠做什麼事情，但是基於一個人的立場，當時在活著的一剎那，就要開始隨時隨地的探索，隨時隨地運用愛心，提供自己智慧，能做到什麼地步就要做到那裡，這才是一個積極的態度，因為生命是對生命有責任的。

宇宙茫茫深幾許

生命對生命是有責任的，但是，龐大無邊的宇宙，是如何生成的？

宇宙的未來將變成什麼樣子？

人在宇宙中到底有什麼地位？

我在宇宙中到底有什麼地位？

很多人小時候都會思考著這些問題，在我小小年紀的腦子裡，就充塞著生死的事情，九歲時我開始思索宇宙生成的問題。

宇宙是怎麼生成的？它到底是真實的，還是虛幻的？

假設宇宙生成是真實的話，那麼宇宙到底什麼時候開始的？

宇宙如果是在那時候開始的話，那麼開始之前到底有沒有宇宙？

宇宙如果是從那時候開始之後，到底到什麼時候它會截止、消滅？

如果有消滅的時間，為什麼會在那時候消滅？

消滅之後，是不是又有另外一個宇宙產生，或者只是這樣而已？

這是我對時間的觀察，在空間觀察上，宇宙到底有沒有邊際？它如果是無邊際，是一開始產生就無邊際呢？還是慢慢越來越大，大到無邊際？

現在它到底有沒有邊際？如果有，它的邊際在哪裡？邊際之外是什麼？是有其他宇宙呢？還是一片空茫茫，宇宙如果會毀壞，為什麼它會毀壞，它毀壞後，又是如何呢？

從小整天思惟著宇宙的時空問題，宇宙何時生何時滅，人類跟宇宙之間的關係，想東想西，每天就在這沉重的思惟當中度日。

我想著自己的生命，自己的生滅，我們到底是會死呢？還是不會死？死之後到哪裡去？生之前又從何處來？在這些因緣的糾纏中，後來產生各種不同的想法。

我想這個宇宙應該是個有機體，人類只是裡面一個小小的細胞，和它相應相成，這種想法也慢慢的生成，但是，總是不能決定，思惟了好些年。

我自十歲開始修習禪定，學習了佛家、道家的各種方法，超覺靜坐等等，學習後也有些初步的身心的覺受，十三、四歲

思考人類在宇宙中的地位與種種變化

就可以控制心跳、血壓、體溫，雖然我能做這些事情，但是我的心還是迷惘不能了悟。

我從過去一直思惟著整個宇宙的問題，一直思惟了十幾年後心中才能初步的決定，了解宇宙的本質。現在的我對於宇宙已經沒有什麼可以值得迷惑的，在我看起來，十方三世都只是宛如一個清淨的摩尼寶珠一樣，雖然這只是覺受境界，不能現觀，但是總想和大家共「參」這個話頭，共同來「參」人在宇宙中的地位，人在宇宙中的種種變化。

佛陀對宇宙問題的看法

佛陀當時對於宇宙存在與否的問題是如何處理呢？

在佛經中有一個著名的鬘童子十四問：

有一位叫鬘童子的人，跟佛陀說：「佛陀啊！你如果不告訴我，這宇宙到底有沒有邊際，它是從什麼時候開始的？人死後到底有沒有人生，生從何處來……」他總共問了十四個問題，宇宙的方面，還有心靈的、神識論等。

他說：「佛陀！你如果不回答我這些問題的話，我就不願在你這邊修行，也不願在你這邊學習。」

佛陀就回答他：「鬘童子啊！你要出家修行的時候，我有沒有告訴你：『你如果來出家修行，我要解答你這些問題』，你再來出家修行？」

鬘童子說：「沒有。」

「既然沒有的話，你如果因為不能解答這些問題而不願再修行，那是你的事情，跟我也沒有什麼關係了，所以說，我不會回答你這個問題，不回答這個問題，不是沒有辦法回答，而是說你問錯了。」

這是有名的「汝不當如是問」。鬘童子的問題就像一個人問：天上第二個月亮、第三個月亮到底從哪裡產生的？地上的烏龜牠的毛為什麼那麼密？它的毛到底是什麼顏色？一個無法生育的石女她到底有幾個孩子？一隻兔子，牠的角到底有幾根？他的問題是屬於龜毛兔角的問題，是從他的心識裡面、妄想裡面所產生的問題，跟實相根本沒有關係，所以佛陀不回答他。

佛陀態度很清楚的、明白的告訴他，當時佛陀直接的面對是什麼？他在當時要指導的是每一個人直接的修行，是我們自己的心中的煩惱，是如何直接解脫生死、超越輪迴，他重視的是這個。所以凡是屬於哲學思惟的問題，他根本認為這是在浪費時間。

另外，有個例子，有人某天被一枝毒箭射中，旁邊的朋友趕緊送他去急救，不快些就毒發身亡了，然而這個人卻馬上止住，說：「不行！我現在不能送醫急救，因為我要研究一下到底是誰射我的，這射我的人是誰？是男的？女的？他是什麼種族？是屬於貧民階級，還是屬於賤民階級？他是哪地方的人士，他現在射我的這隻箭的箭簇，是用什麼材料做的？這材料生產在哪裡？這箭桿是哪裡的竹子？這羽毛是哪裡的羽毛？我若不把這些問題研究的清清楚楚的話，我不願把這箭拔掉。」

這個人在還沒有研究清楚前，大概已經毒發身亡了。所以佛陀以解脫生死輪迴之苦為首要目的，每一位請教佛陀的弟子，佛陀都施予完全的指導，使每一個人能完全的從輪迴中解脫。

佛陀直接從我們身心的困惱上面來使我們超脫生死，他為了不讓大家的興趣沉迷在宇宙問題上面，所以他不處理關於宇宙的問題。

但是眾生對垠涯無窮的宇宙充滿了好奇，要安心於單純的修行上畢竟是困難的。長久以來，佛法不去解答這些宇宙存在的問題，使後代學者慢慢地生起疑惑，而對佛法失去了信心。因此，為了救度多疑眾生，佛教宇宙論也慢慢地開展出來了。當然這開展出的東西是有意義的，但是要了解佛教的宇宙論根本還是來自空、如幻，不要被這現象所迷惑。就如同《金剛經》所說的真實道理一樣：「一切有為法如夢幻泡影，如露亦如電，應作如是觀。」

認識我們生存的宇宙

以佛法的宇宙建立觀點來講，宇宙在時間中的變化是分成四個階段：成、住、壞、空。而佛法中以「劫」來表達時間的變化單位，「劫」在中國被用為災難的意思，例如常說的劫數難逃、逃過一劫。

在經典中，「劫」是時間單位，代表很長很長的時間，這時間的長度有一個比喻：把一座很高很高的金剛石山，然後讓風慢慢吹拂，一直吹到這座山夷為平地，這樣一段時間就是劫。另外它還有一種說法：用袖子去拂這座金剛山，不斷不斷地摩擦、摩擦，直到金剛山變成平地。這比愚公移山還要花百千億倍的時間，這就是「劫」。

由於經典來源的不同，說法翻譯也有不同，所以對於劫的確實時間長度也有差異，但是一般而言，一個劫的時間至少是我們人間時間的幾億年。劫又分為大、中、小劫，其中大劫就是指成劫、住劫、壞劫、空劫四個階段的總合。成劫是指宇宙生成的時節。住劫是指器世間、有情世間安穩存在的時間。壞劫就是各種災難破壞世間，終至世界消失，而至空劫——世界消失，回到空寂狀況。而我們現在是處於住劫中。

最近科學上對於宇宙的源起、宇宙的狀況都有相當新的突破性看法，例如史帝芬赫金的虛數時間宇宙，以及漸漸認識到「無」的概念，這些的發展將來如果可能，我想把它們與佛教的宇宙觀相提互補、互配來看。

其實我們對宇宙的認知是一種印象，是我們的心把時間、空間相互組合起來的印象，這樣的印象與事實的關係並不大，現在我們的種種生活運作方式是因為我們的印象而造成。

譬如你看到我、我看到你，你看到了某個顏色是這樣，而別人看同一個顏色所接受到的訊息感受會不一樣。這是因為每個人整個身心的因緣不同，其色、受、想、行、識五蘊，所組合起來的一個接收器與別人不同，而心識是作為統一接收的器具，並且會相對應地作出判斷。所以宇宙指的不只是時間和空間的組合，而是要再加上心識的作用。

就佛法觀點，宇宙當中還有無限的宇宙，因為佛法的宇宙觀是很龐大的。

其中就空間而言，一個日月系統算是一個世界，一千個系統就是一千個太陽系，就佛法而言：一千個太陽系叫作一個小千世界，一千個小千世界叫作中千世界，一千個中千世界叫作大千世界，而一個大千世界一般就稱為三千大千世界，也就是十億個太陽系。在佛法中，一個三千大千世界就代表有一尊佛在此教化，所以又稱為一佛土。而整個宇宙有無量無邊，不可說不可數的佛土。在《華嚴經》中將這樣的宇宙實相，展現得很精采，它是層層互攝的華嚴世界海。

就時間而言，宇宙在一百五十億年前開始大爆炸一直到現在，在佛法的成住壞空階段裡只是一段極小的時間而已，而且也只是其中一個世界的生存變化。然後在四十六億年前地球誕生，而生命在地球中出生則是在三十五億年前的事情。

地球上的初始生命

生命誕生的初始，是屬於微生物的世界，當時整個地球大部分是屬於紫色與藍色的微生物，所以說整個地球是藍色原始地球。那時的地球因為豪雨傾盆而下，產生大海，而且全部都是海洋，所以溫度開始下降，慢慢形成較穩定狀況的地球，而大部分海洋裡面開始有了藻類這樣的生命。

根據科學家所言，大約在二十億年前，地球產生一個很有趣的變化，三十五億年前到二十五億年前之間，我們整個世界都是微生物，是單純的生命，這些微生物所生存的地球生態是怎麼樣呢？假如我們現在跑到三十五億年前，或是二十億年前去生活，是沒有辦法生存的。因為那時的空氣中並沒有氧，也就是說原始地球沒有氧，那麼這些紫色跟藍色大量的微生物那時候靠什麼來生存呢？它們需要的是氬氣。

它們那時候需要氬氣才能生存，所以便利用水來分解氬氣，而居住在水中，但是時日一久，因為水分解出氬氣時也因此產生氧，所以氧大量釋出，但是對那些微生物而言，氬是生存的寶貝，而氧卻是超級毒氣。氧日漸濃厚，而氬相對地大量減少，因此微生物的生存面臨了浩劫，而大量的死亡。

所以地球面臨到第一大浩劫就是因為氧太多了！這樣的事情和我們現在的觀念相差了十萬八千里，依現在生態而言，沒有氧才是大浩劫！怎麼以前是因存有才造成浩劫？這是很有的趣的事情。

當微生物大量死亡後，有一些藻類殘存，企圖苟延殘喘在惡劣的環境下求生存，於是慢慢產生轉化力量，開始變成身體可以用氧來燃燒，用氧來做光合作用，慢慢地身體狀況產生大演化，而繼續在地球生存下來。在這樣的大演化中形成了動植物，有了陸地，比較大型的生物就離開海洋登陸上岸。

登陸上岸的生物，一剛開始是爬蟲類了，後來爬蟲類越來越發展，到哺乳類動物，再到人類。但是這裡面我們要注意到：從上古發展到現在，我們現在的腦子裡面有原始機能的殘存。我們的細胞裡面有差不多幾十億年前生命型態的基因存在，而且是一次演化覆蓋上一次演化，層層累積，因此我們的腦子裡有像爬蟲類、哺乳類動物的腦子。而且我們的身體上也有這些生物的遺跡。換句話說我們還存有幾十億年來的記憶。

有了爬蟲類之後，就產生了一個很大很強硬的首領——恐龍，恐龍在牠那個時代是地球之王，但是恐龍卻在六千五百萬年前全部消失了，無法考察出牠們在這之後的生存跡象，如果這樣龐大的動物一直平順生存下來，我想人類是沒有辦法產生的。

恐龍後來的命運到底是怎麼了？這麼巨大、強壯的動物有誰能戰勝牠們，而使其滅種呢？而達爾文的物競天擇，適者生存理論又如何來解釋這現象？這是生物進化的重要問題，也一直讓人們研究著。

佛法中的生命分類

根據研究，人類出現於五百萬年前，是從爬蟲類到哺乳類，再由猿人進化成智人。

佛經是如此說明人類的祖先。在《起世因本經》有這樣的記載：人類的祖先不是地球上的生命，是於光音天的天人。光音天在二禪天上面，也就是色界天。在說明人類起源之前我們先來認識一下佛法所說的三界與六道。

佛法把眾生生存的地方分為三界，一個是無色界，一個是

色界，一個是欲界。另外一種分法是用六道來分：天、人、地獄、餓鬼、阿修羅、畜牲。地獄道的眾生是不停地受苦，所以他們很少來到人間。畜牲道眾生跟人道很接近，是伴隨著人間生存的。

餓鬼道眾生長得很瘦很瘦，喉嚨像針那麼細，肚子卻像鼓那麼大，他們無時不處於飢餓的狀態，但是只要嘴巴一張開，要把東西吃下去時，東西卻都化成火炭，連入口都沒辦法入口了。像目連救母的故事，目連的母親就是餓鬼道眾生，於是目連就以甘露水來把這業力的火焰澆熄。

除了餓鬼、畜牲、地獄之外還有阿修羅道，阿修羅是一種怪物，男子很凶猛，女子很美艷，但是他們一天到晚都在跟玉皇大帝抗議、打架，在天上從白天打到晚上、從晚上打到白天，不停地發起瞋恨心。除此之外還有天道、人道，這些合稱為六道。

三界是指欲界、色界、無色界。

欲界包括了一部分天道以及其他五道眾生。欲界是什麼意思，有何特色呢？它的特點是有男有女，有男女之欲所以叫欲界。

色界中只有單性的存在，他們不是透過男女的交合而出生，他們是透過意念、意識直接交合，包括有初禪、二禪、三禪。

接下來有四空定：四空天——即空無邊處、識無邊處、無所有處、非想非非想處，這四個天界就叫做無色界。無色界只有純粹精神的存在，看不到任何形象。只有純粹精神。

我們的祖先來自光音天

佛經中說人類的祖先是二禪天的天人，是屬於色界，對於他們如何從天界來到人間，是有以下的說法。

整個宇宙開始大爆炸，（這樣的宇宙大爆炸很像佛經中說的大三災中的火災，其他二個災是水災、風災。）也就是當宇宙火災發生時，把初禪天的天宮甚至於這之下的天界世界全部震壞了。

天人雖然很厲害，但是如果人類丟個核子彈的話，整個天宮、天人會被震壞的，他們只好另外找居住之所了。所以他們很注意我們發展核子武器的訊息。

火災是大三災中最小型的。而另外的水災代表的是整個宇宙中所有的能量會全部都融合在一起，這宇宙爆發後的融合使得二禪以下的世界全部震壞。接下來風災的狀況，是任何所有的東西全部被捲在一起，黑風把全部的東西捲了進去，這時候三禪以下的世界全部被破壞掉，或許這是進入宇宙大黑洞了！

在宇宙的生住異滅中，四禪以上不會被損壞到。所以我們的祖先光音天人是二禪天，可見二禪尚未破壞，而初禪以下都壞滅，也就是剛經過大三災中的火災。

我們不禁懷疑，初禪以下的眾生都去哪裡了呢？答案很妙的是：在火災未發生前，天人預見災難將至，會下生人間趕快教化眾生修行，全部修往上界去，或往生他方國土，或不再輪迴。

宇宙爆炸之後，宇宙又重新生起了，這時候在二禪天光音天裡，有一個天福享盡的天人，就跑了下來，他一看：「吔！宇宙爆炸重新開始了，嗯！我是這個世界的第一個人。」他自己跑到下界來，反而忘記他是上界的天人，所以他就認為自己一切生命的父母、是上帝，這就是大梵天。慢慢地就有一些天人也同樣地下來，看到第一個下來的也就認同他是宇宙第一人，並且認為自己是他的部下，可以說是大使，也就是梵輔天——輔佐大梵的。

這時候整個地球慢慢開始凝結，就像熱騰騰的牛奶一樣，很漂亮的，我們的祖先——光音天天人，雖然還有神通，但是他們看到地球這麼美麗，心就動搖了，覺得這一切很好玩，於是定力也就開始破壞，他本身以二禪定力飛到地球上來，開始遊玩了。

因為天人有神通所以身體很輕，可以飛行自在，慢慢地定力逐漸喪失，對地球冷卻後開始產生的液體有了喜樂之心，覺得很好吃，感覺水很好吃，於是開始喝水，越吃身體越粗重，接著有生物、植物的種子出現，又吃這些固體的東西，身體又更粗重了。

本來光音天人是以光為食，以能量為食的，當他們一開始吃液體、固體，而且覺得很好吃時，興起這方面的欲求，而越吃身體越粗重，接著又吃水果等較大的固體，之後又以火煮食東西來吃，就這樣身體越來越粗重，欲望也隨之越來越大，就像滾雪球一樣，於是開始有了男女兩性，就變成欲界中人了。

就天人而言，這是天人的死亡，天界的天人是會死亡的，當天人在天界福報享盡之後，照樣要死亡再輪迴的。所以有所謂的天人五衰，五衰是天人的坐處不再安穩了，頭上的花開始枯萎，本來香氣襲身的現在開始發出汗臭味（或腋下汗出），所穿的衣服有了塵垢，身體不再光亮清淨。這五種衰敗相一出現就是天福快享盡了。

那時的光音天天人就是天界福報盡，又喜樂貪求於當時的地球種種相狀，我們人類的祖先是這樣來的，這是佛經中的講法。

雖然神話的味道濃厚，但卻是很有意思的一種說法。如果能用現代的語辭來做轉化，我認為或許能提供一些很有意思的訊息，來幫助我們繼續探索人類起源的問題。其實這樣的說法還有一個特別的意義，那就是它表達的是一種禪觀的境界，也是修行時會碰到的境界。

大家在修行的過程中，不管是打坐、念佛、觀想等等法門中，會有一段時間身體開始會變得越來越清淨，會不想吃太多東西，不想吃油膩的東西，甚至嚴重的話，一吃油膩東西便會噁心或是想吐。到最後就想吃素，或只吃水果，或是油膩的蔬菜也不想吃，只吃生菜，生菜吃一陣子也覺得不好，只想喝蔬菜果汁、蜂密果汁之類的，或是蔬菜不夠新鮮都能感受到而覺得很臭，只有新鮮的或野生的才會喜歡吃。

甚至到最後只喝水，而且不喝自來水，要喝山泉水。這就是漸漸去除掉粗重的食物，而專以能量為食，以清淨的能量為食，所以很多道家的修練法是不食人間煙火、辟穀，但是我們不能夠老沈溺在這種境界，如果只求這些而沈溺在這種境界裡面，到最後陷入氣化身——變成天界的天人。

自我生命延續的力量

不管是從微生物進化到爬蟲類，演化到哺乳類，再由猿人至智人，或是從光音天下生的，也不管是人類或是其他地球上的生命體，整個生命的發展史都是靠著一個共同力量來延續的，也就是整個生命的內在存有一個力量支使著整個生命的發展，是什麼力量呢？是一種很深層的求生意志，這種求生意志就是我執。

生命的開始是來自無明，無明產生強烈的求生意志，強烈的求生意志就產生了生命的主體，生命主體強力的運作，運用這種力量去結合物質，就變成了我們有形有質的人類，如果能結合很輕的物質，跟禪定相應，於是形成天人、天神，如果純粹只有意識體，就變成無色界的天人，所以，我執的運作是很厲害的，三界都在其籠罩之下。

現在的科學界不斷有各種理論，討論時空的問題、宇宙、人類起源的問題，而我一直想提出另外一個方向，將禪定的經驗與這些理論結合起來。直入重點而言，其實整個宇宙是心、時間、空間的複合體。

宇宙是由共業所成的，在共業裡心識是一個很強力的力量，而心識裡面最強大的力量就是我執。我執是對自我的執著，用現代的一些理論可以回證出一些蛛絲馬跡。

生命發展的初始條件

現在很流行混沌理論，或是叫複雜性理論。混沌的背後是什麼？它是極為簡單又極為活躍的。混沌理論的理念建立有兩個：第一個理論是對初始條件的深刻依賴。也就是因果、緣起；第二個就是自我複製，不斷的自我複製。

以前一般都認為只要初始條件差不多一樣的話，結果也會差不多一樣。這是以一定時空中的觀察，如果超出這時空，時空距離拉得很廣很長的時候，這兩個看似差不多條件的事會整個作跳躍式的發展，而形成南轅北轍的結果。我們可以用一個故事來說明這個情形：

有一個人問世界著名的氣象學大師一個問題：「請問為什麼太平洋和美國會產生颶風？」

他想了一下，就回答一句話：「嗯！大概是在北京有一隻蝴蝶輕輕的搧了一下翅膀。」這個答案真令人傻眼！這是有名的蝴蝶理論。

這是科學，不是神話。為什麼呢？這太不可思議了吧！氣象學大師作了解釋，他說：牠這樣子輕輕拍一下翅膀，只要因緣條件符合的話，就能夠在某個地區形成巨大的效果。這簡直把禪的精神發揮到極致，這是現代科學！但也是那麼的貼近佛法。

在人類身上，什麼是我們的初始條件？什麼是我們生命發展的初始力量？是我執。根據混沌理論對初始條件是有很深刻的依賴，換言之我們也一樣地存有對我執的深刻依賴，而使它形成我們生命發展中潛在而且是主要的力量。雖然我們發展了這麼長的時間，也形成了一個最複雜的生命體，但是我們人類要反省的是：

我們沒有進化？

我們只是複雜化而已，還是真正的進化了？

如果無法跳出對我執的依賴仍算進化嗎？

我們的身體從古至今是否只是微生物的組合，從生物學的發展上只是增加複雜的功能性組合而已？

其實我們看看自己身上的微生物、細胞，它們都有一個重要特徵：不斷自我複製。例如：兩種攀藤植物纏在一起會怎麼樣？會互相交錯然後變樣，或是一種攀藤植物去攀在一棵大樹上面，經過千百年之後交錯在一起的二種植物便會產生變化。

我們看看我們的腦細胞，我們的腦細胞是有植物特性的因素以及動物特性的因素相結合在一起的，它們已經是互相桎梏、互相牽制。

在這樣的情況下整個宇宙當中合理的行為是什麼？要使整個宇宙不斷創出合理性的事是來自什麼？來自合作。人與人的合作、人與其他動植物的合作、人與大自然的合作，但是合作還是屬於我執的立場，還不是佛法無我的層次，但是現代人不但沒有做到無我，甚至連合作也沾不上邊，只以為物競天擇，人是萬物之靈，人是優勢生命進化來的。

創造生命與滅絕生命的基因

面對這廣大無邊的宇宙，我們要了知，在宇宙中，我們會如何的開始、如何的結束，完全是自身的心與外在的事物運作所形成的，其實我們心的決定影響很大。因此，在無窮的宇宙中，我們佔有的地位是極微小的，微細到完全沒有存在的價值；同時又是極為重要，重要到如果沒有你的話，宇宙已經成另外一個宇宙了。

我們如何安住自身呢？我們就像宇宙中一粒沙塵一樣，但是人類常自以為在地球中很了不起，是萬物之首，其實地球從宇宙大爆炸之後，慢慢形成到現在，已經有四十億年的時間，生物的發展差不多有三十五億年左右，人的意義，近似原始人的發展，大概只有百萬年時間，而有意義的人類出現到現在只有幾萬年。

所謂「有意義的人類」是指能夠開始作些抽象複雜的繪畫和思考，比如現在在西班牙、法國所發現的壁畫是幾萬年前人類所留下的痕跡。

如果把地球從剛始形成至今日的發展當作是個時鐘的話，每兩億年算作一個小時，那我們現在，人類在地球上出現的時間大概是不到一分鐘的時間。而讓人類很有信心說我們佔領地球，是地球上的主宰者，我們征服太空，也不過是最近兩百年的事情。

自大的人類覺得自己是地球上最進步的生命形式，這是錯誤的想法，我們常說物競天擇，適者生存，在此並不是純粹如此，還是要回到因緣來觀察。

六千五百萬年前，大隕石撞擊地球，因為劇烈撞擊的緣故，地球上大量的灰塵揚起，幾乎把整個天空都掩蔽遮蓋住了，太陽光照射不進來，這是一場巨大的變化。首先引起森林大火，所有可作為恐龍食物用的生物都燒滅了，灰塵把太陽光隔絕了，氣溫急速下降，整個地球回復到冰封的時代，大量的生物都餓死了，像雷龍這種草食性動物，沒有東西吃就死了。

恐龍太強大沒有天敵，想不到自然環境一改變，牠的生存條件立刻受到強大的威脅，使之終至滅亡。

以「混沌理論」來說，「物競天擇」是非線性，而是「跳躍」的。為什麼它是跳躍式的？當因緣集聚到一個程度時，就呈現跳躍式的發展，就像恐龍生命發展到某個程度時，就有一種跳躍式的大轉變，這個轉變導致滅亡。

導致生命滅絕的基因，其顯現方式都不一樣，但是有一個顯著的特質，就是：很難改變，形式習氣很難改變。習氣有不可逆性，所以說生命滅絕基因的難以改變性，使得強大的恐龍在時空因緣急驟變化時無法適應，於是慘遭滅絕。

如果當時有一隻恐龍、五百隻，甚至一萬隻能夠冬眠，平安無事地度過這場地球生態劇變，那麼現在的人類可能不會存在了。但是今日的人類就像第一個如同恐龍一樣模式，生存於地球的新恐龍。怎麼說呢？我們若是不能超越自身的生命滅絕基因——我執，就難逃自我毀滅的浩劫，這是我們要很深刻很深刻的觀察才能透徹了知的。

地球的乘載量已經達到了頂點，從人到人類，從人類其所形成的人間，這是三種不一樣的思惟，這樣的發展路向基本上是我執的擴張所產生的，所有人類的文明，甚至所有的理想都是基於我執。

未來的宇宙會因為我們的參與而展現其美麗的樣貌

在二、三十年前，這個世界上最好的企業都是恐龍型的企業，很龐大的企業，它擁有各種政經的資源，像ＩＢＭ等。但現在在世界上，這些大企業不得不把公司分開、分散，因為再繼續下去，它沒有辦法承受，恐龍型的企業現在太昂貴了，從人世間的種種形象，我們知道因緣甚深。

所以人類如果在這個即將進入未來的世紀當中，我們不自己反省，不自己謙虛，而一味誇大我們自己的強勢，極可能造成我們的滅亡。生命體在創造的時候，執著自我是他擴展生命的一個重要的因緣，這個是一個生命中最根本的基因，但是，執著自我是生命創造的基因，同時也是滅絕的基因，因為它等著我們擴張到一個程度自我滅亡。

就如同現在有很多人在放生，放生本來是讓生命得到自由，現在有時是造成大的傷害。有人專門飼養來販賣給放生的人，這似乎是失去了放生的意義，在放生時要注意到技巧，不然的話，對生態傷害很深。比如說，這個河流或這個水庫中，它只夠存有一百萬條魚，現在放生了一百五十萬條魚，這些魚註定要全部死亡的，那我們現在人類在地球上有四、五十億人口，我們在未來必定要走向太空，我們若不再自制，再如此耗費地球資源，我們等於是自殺。

我們面對這問題，每個人都有責任的，所以我們必須要自省，必須知道自己在宇宙中的微小，但是我們還是很重要的，因為宇宙也因為我們這因緣的參與才能夠展現這樣的面貌。我們共同用殊勝的心念來參與這宇宙，來創造這宇宙，來使這宇宙更加美麗，更加莊嚴，到最後成為淨土。

面對著星空，我常常會心中充滿了感激，感激自己有幸能生在此地，而且能聽聞佛法，這是不得了的，我們是否能夠超越，就靠人類自身的努力了。

第二章

‧ 未來的生命規劃 ‧

決定自己的未來

不管我們現在幾歲，什麼年紀，身體有病或是健康，有朝一日我們終將結束這一期的生命，但是，我們如何來妥善運用這期的生命，創造未來的生命價值，端看現在的我們如何來規劃，做自己生命的主人，撰寫這一段最美好的生命經驗。

超越慣性的輪迴

每個人在每個當下都在創造自己的生命，寫著自己的歷史。當我們面對問題，處理自己的生命問題時，很自然地落於自己的慣性思維中，而同樣的問題似乎也一直重複的出現，處理的方式還是一樣的思考模式，輪迴是我們生活的內容。

但是有智慧的人卻因為他了解到一切的生命發展都是不斷生滅輪迴，是「此生彼滅、彼滅此生、生生滅滅永無絕期。」所以當他面對生命問題時，會產生不同的處理方式。他會超越了輪迴生滅的相對概念，走向解脫輪迴的道路。就像佛教中解脫的聖者阿羅漢的行逕一般，他們所應當作的已經作完、所應

在每個當下我們都在創造自己的生命

作都已經完盡，所以不再會有後續的存有生命現象，也就是進入所謂「涅槃」的境界。

對於涅槃的認知，一般的觀念常常是錯誤的。以為涅槃就是死亡，其實涅槃真正的意思是遠離生與死的雙邊對立。佛法中，涅槃又分為有餘涅槃和無餘涅槃兩種；有餘涅槃是說修行人證得涅槃的時候，一切煩惱都止息了，但這一期的生命現象仍然存在著，是有餘涅槃。所以「涅槃」是煩惱止息的意思，是生命中生死相對立的想法、所有的困擾都停止的意思；它不是一般認為的死亡。

而「無餘涅槃」是指修行人他這一期的生死已經永遠斷盡，但也不是死亡，因為涅槃是超越了生死對立的境界，所以對凡夫來講是有生有死，有分段的生死；但對於聖者而言，他是超越了生死雙邊相對立的境界。所以，涅槃是超越生死相對立的境界，而不是墮入永遠輪轉不息的輪迴之中。

在佛教經典中曾記載一位比丘請問關於涅槃的問題。

有一天一位比丘突然說：「我現在知道什麼是涅槃，涅槃就是什麼都沒有了的意思。」

大阿羅漢就跟他說：「佛陀有這麼說嗎？佛陀只是說涅槃是不好的沒有了，會生死輪迴的沒有了、煩惱永遠止息的意思，不是講什麼都沒有了。」

就如同當世尊宣說將在三個月後入大般涅槃，不久，佛陀弟子中智慧最勝的舍利弗尊者，因為不能承受看到如來世尊取證大般涅槃的事實，又想到佛陀曾說所有過去、未來、現在的諸佛上首弟子及最後所收的弟子都會先取證涅槃寂滅，然後如來再取證大般涅槃。因此向佛陀祈請，希望佛陀能同意他進入涅槃，經三次的請求佛陀終於同意尊者的請求，並告訴舍利弗尊者，要入涅槃現在正是時候。

於是舍利弗尊者頂禮佛足，帶著侍者均頭小沙彌，一起回到尊者出生的地方。當尊者回到摩瘦國本生處後，身體即顯現出疾病，非常的苦痛，侍者均頭小沙彌非常細心的照顧尊者的飲食生活，不久舍利弗尊者即取證涅槃。

聖者的生命是可以自己決定的，甚至創造死後的價值，以及來生的去向。

尊者滅度了，均頭小沙彌拿著上師舍利弗尊者滅度後所留的衣缽及荼毘後的舍利，非常悲傷痛苦的來到阿難尊者面前說：「這是我上師的衣缽與舍利要奉至佛陀前，我現在的心情意志非常的煩惱困惑，為什麼偉大的上師舍利弗尊者會證入寂滅涅槃的境界呢？會進入永絕的境界呢？」

阿難尊者聽了，非常的傷心難過也不知如何是好，於是阿難尊者帶著疑惑來到佛陀跟前，請問佛陀為什麼會這樣呢？

佛陀安詳的告訴阿難說：「阿難啊！舍利弗尊者的生身雖然已經寂滅了，但請問舍利弗尊者的戒，有沒有消失呢？」

阿難回答：「沒有消失。」

佛陀再問：「舍利弗尊者的定力成就有沒有消失呢？他的慧、解脫、解脫知見有沒有消失呢？」

阿難回答：「舍利弗尊者的定力成就沒有消失，他的慧、解脫、解脫知見也沒有消失。」

「如此何須為舍利弗尊者入滅而憂傷疑惑呢？」而戒、定、慧、解脫、解脫知見，就是五分法身，佛陀說這五分法身——戒、定、慧、解脫與解脫知見都還是燦然長存的。

從這樣的觀點來看，舍利弗尊者並沒有離開我們，只是他不再用一種生滅雙邊對待的生命現象示現在我們面前而已。

這五分法身中的戒、定、慧，是大家都熟悉的為修行成就的三學，解脫是解脫生死輪迴，而解脫知見是指具足能指導其他生命解脫的能力。有解脫的人不一定具有解脫知見，而有解脫知見的人則具足解脫。

這兩者的不同就如同我們現在由台北前往高雄，我們搭巴士去，雖然我們不認得路，但是車子會一路到高雄是不變的事實，解脫就好比我們是被司機載到高雄一樣，在善知識的引導下，一路修行到達成就得解脫，但沒辦法教導人如何修學得解脫，而只有具足解脫知見的人，他好比司機一般知道路的方向，他可以指導人家修行順利證得解脫的方法。所以大阿羅漢都具足戒、定、慧、解脫、解脫知見的五分法身。

我們要創造自己的生命，要學習聖者決定自己的今生後世，不要過著輪迴不清楚的生命，不僅如此，而且要能夠轉世自在，可以隨著自己的決定到自己想去的地方。如選擇到極樂世界去留學，再回來娑婆世界救度眾生;或者決定在娑婆世界當中，不斷的修學下去、不斷的修行、不斷的幫助眾生。

未來的選擇方向，是可以自己下決定的，而這些決定是由我們的大悲心出發，非由妄想出現的。因此，我們需要對生命有深刻的體會，並且要對我們所生存的宇宙有深刻的了解，才能清楚的決定未來的時空因緣。

如何超越現在的我

要如何讓今天的我比昨天更好？如何超越現在的我走向解脫呢？首先我們要了解，我們不能再以輪迴的思惟方式來談解脫，因為解脫絕對不是一種信念，或信心而已，它是一個正確的知見，正確的智慧。不是每天唸：「我一定解脫！」的人就一定能解脫，這樣的做法只是一種信念而已。

記得我在二十幾年前打禪七的時候所發生的故事一樣，那時禪師問：「你們哪一位不怕死？」有一位美國女孩馬上很勇敢地舉手，禪師拿香板走過去作勢要打她，她立刻反射性地舉起雙手護住自身。她以為自己不怕死，但其實她是怕死的。

所以不要以為自己相信解脫的話就能解脫，沒有這回事。相信自己能解脫，只是增加自己解脫的信心而已，這只是初步。

如果有一個弟子告訴禪師自己已經解脫了，禪師若要檢證這弟子是不是真的解脫，他可能會在半夜的時候，趁弟子睡得正熟，突然掐住他的脖子，看看他的反應來判斷是否真的開悟。如果他像一般人一樣，嚇得不斷掙扎，那麼他的解脫是假的。如果是個精進念佛的人，當他在睡夢中被掐住脖子，甚至在夢中被打了一巴掌，他脫口而出的第一個念頭應該是阿彌陀佛，這種人在臨命終時，要往生西方極樂世界就沒有問題了。

所以我們也可以試著觀察自己每天清晨醒來的第一個念頭？如果是念佛的人就檢測醒來的第一個念頭是不是阿彌陀佛？以此可以檢定自己是否真能決定往生西方極樂世界。

禪宗的教學是很活潑的，隨手拈來運用各種道具，佛來斬佛，魔來斬魔，不被任何境界所牽引，如此才能說有成就，否則只是一種信心，這是沒有用的。

佛性讓我們現生自由

就佛法而言，每個人都具足成佛的可能性，也就是所謂的佛性。佛性是什麼？是具足能夠成就圓滿生命的力量。佛性，並不是有一個東西叫「佛性」，而是我們能夠成佛的潛能，每個人都有成佛的因緣，能夠不斷的超越、不斷的修行，到最後能夠達到圓滿完全自由的生命。

對一般人而言，生命總是輪輪轉轉很難脫逃，但是就佛法修行者而言，每個人的心是具備成佛的可能。所以六祖慧能大師告訴我們千萬不要心外求法，要向心內求法。一切大成就者也告訴我們，所有佛果在我們自心當中，如果遠離自心而求佛果，是永遠得不到的。

我們在生死輪迴當中，在死亡裡面所顯現的死有光明就是法身光明，在中陰所顯現的就是清淨的報身，投身到各處所顯現的就是化身。這三種身如果我們證得等同一味，遍滿觀察無有差別，就是成證法界體性身。

這三身本來是人人具足的，可惜大多數的人無法通達這個道理。如果要證得這個道理，必須依止一位具德的老師，給予正確的教誨，得到不斷的教誨加持，才能成就。

這不斷加持也不是外來的，而是我們自心相應成就，才有辦法得到。如果不是這樣子，我們都在輪迴當中；佛性讓我們現生自由，於未來達到生命完全自由的境界。

超脫輪迴的生活

我們決定了自己未來生命的去向，決定要超越輪迴慣性的生活，那麼，最根本的方式就是從根本思維觀念著手。不管過去自己的根本的思惟是如何，佛法中的「三法印」可以說是最好的思惟內容，可作為自己的見地的根本，再加以實踐八正道的生活，使佛法與生活融合為一。如此一來，想要超越輪迴的生活，就有希望了。

破除時空的錯謬認知

所謂三法印是:諸行無常、諸法無我、涅槃寂靜。三法印的建立，也契入釋迦牟尼佛所受的印度傳統文化的影響。釋迦牟尼佛針對整個印度及至一切人間文化對宇宙現象認知的錯誤，提出糾正，這是三法印成立的因緣。

在整個印度宇宙觀當中，主要是以「梵」為根本，不管梵是以人格的，或是一種超越意識的存在，基本上都將之視為宇宙的第一因，也就是宇宙萬象的創造根本。而將宇宙的創造根

從根本思維觀念來超脫輪迴慣性的生活

本落實於其間，必然有時間、空間兩種現象。在時間上，會執著於固定的創造開始時間點，而空間上必然執著於固定不變的「我」。

釋迦牟尼佛察覺到這樣的錯誤現象，了知這樣的說法只是見到宇宙的一小部分，並沒有看到全部的實相，而有了錯誤的知見，無法了知整個宇宙完全是由因緣生成的如幻現象。

宇宙存在的根本理由是由法界因緣所構成的，它是依著「有因有緣世間集，有因有緣世間滅」的原理運作的。在現象上的相續而言，它是依著「有因有緣集世間，有因有緣滅世間」的實相因緣而顯現。

在理則上，是建立緣起的法則，是法性因緣；而在顯現的現象上，就是所謂的「緣已生法」，是一切的宇宙萬法緣起的眾相。而這兩者，一個是理，一個是事，它們的體性是一如，是不相離的，所以，不能離開理而有事相的產生，也不能離開這事相別而有理的示現。這也是釋迦牟尼佛對整個宇宙實相觀察的心法。

佛陀為了要破除印度傳統乃至一切人間文化觀念上對於時間系統的執著，對於時間上的執著是指：認為時間是相續不變的。佛陀了知這種對時間的錯謬，就以「諸行無常」的實相來破除。

「諸行無常」即是體認宇宙中的一切萬象一直都處在恆動的狀況，是不斷在緣起、緣滅的生滅現象中遷變。佛陀提出在時間的系統裡，一切都在無常的變化中。

而在空間系統上，宇宙間並沒有獨立自主、不受其他因緣影響的自性存在。宇宙中的一切事物都是由條件所構成，這種條件所構成的空間因緣，就是「諸法無我」。而這一切的現象，都是沒有自性，都是由條件所構成，沒有恆成固定的自我存在。

了知時間和空間的無明纏縛，讓我們體悟諸行無常和諸法無我，就能安住在生命圓滿的境界中，不再有任何的生命障礙，並將得到最圓滿的解脫，證得究竟寂靜涅槃。

「三法印」是釋迦牟尼佛觀察宇宙現象所得到的實相真理，能適用在一切現象之中；從宏觀到整個無量無盡的宇宙，到微觀的所有微細的分子、粒子，它是宇宙當中完全一貫的真相。所以三法印的觀察，也能應用在一切現實的世間，我們觀察到一切世間無我、無常的真實現象，更可以進一步修證達到涅槃寂靜的境界。

當我們不再執著於自我時，如果能以全體生命投入宇宙的因緣，不再有我執，就能產生最大力量。

對一切宇宙人生的現象，我們可以觀察到不間斷的無常變化，我們也可以依著這個事實而不斷的修行增上。依據正確見地的指導，我們就可以時時在生命中產生良善的循環，能夠不斷的日日增上，這才是體悟真正的無常思想。依據這個實相，我們所有生命的決策，都能無畏的投入於全體的人間宇宙當中，並以最少的生命投入得到最多的生命產出，使我們所有的生命在最短時間之內，臻於圓滿、寂靜涅槃的境界，使所有的生命，不再受到任何障礙，達到圓滿的解脫境界。佛陀對整個宇宙的觀察，也就是三法印的觀點，可以說是宇宙中的真理。

生命積極向上的方法

對於個人生命積極向上的方法上，佛陀提出了苦、集、滅、道四聖諦的修行方式。苦是一切世間的現象；集是一切苦生起的原因；滅是達到消除一切苦的證道現象；道是達到證道的方法。而道諦之下，原始佛教提出了八正道。

如果我們願意，八正道其實是生活上的最高指導原則，也是修行人奉為修行的指導原則。如果我們懂的善加運用，可運用的範圍很廣泛，運用於企業管理何嘗不是很好的指導原則。

八正道是指：正見、正思惟、正語、正業、正命、正精進、正念、正定。

正見，是正確的見解、見地。運用在企業上，可視為根本的企業原則或企業策略。

正思惟，是正確的思惟。

正語，是正確的語言。

正業，是正確的行為。

正命，是正確的活命選擇，也就是正確的職業。

正精進，是恰當的精進

正念，是意念正確的原則。

正定，是正確的禪定。

如果將之落實在佛教管理學上，正見就是要了知一切無我，皆是由緣起條件所生成。在掌握無我條件後，可以了知一切現狀都是在不斷變化當中，所以不執著有我，智慧不會受到蒙蔽，不會因為我執，而對事情有錯誤的判斷，傷害自身與他人。而從無常體會當中，能不斷運作，朝向更高的境界，而且能在每一情境當下，安穩自在而不動搖。

一位企業管理者，除了有了正確的企業觀點，透過正確的思惟、邏輯，對內、對外的一切語言都是恰當的，不妄語，不使人產生苦痛，不斷用愛語來團結大家。

一切的行為，也是使這個團體朝向良性方向前進；而整個企業方向是朝向利益眾生，而不是傷害眾生，是使大家同體共利，而不是自得利益、他人受傷。例如：他選擇的事業，是對整個世間有幫助，而不會產生公害或環保問題，不會只讓自己得到利潤，而把成本丟給社會，或殺生等的事業都不選擇。透過不斷努力的工作，不斷努力的推動事業，而念茲在茲使團體得到良善的發展，這是所謂精進和正念。

八正道落實於個人上，可以成為生命的指導，落實在一個企業體，可以變成一企業組織的運作原則，這兩者相輔相成，不只做為個人修道指導原則以達到解脫輪迴的境界；也變成團體運作的原則。使這一個團體成為解脫生命輪迴的集團，或成為建設未來人間淨土的根本細胞組織。

從正確的觀念產生力量

我們生活在這世間，受到很多人的幫助與照顧，我們也希望能夠展現自己的力量來幫助其他的人，因此我們除了要解脫個人生死輪迴之外，要更積極的幫助所有的人得以遠離苦痛。

在佛法中，佛菩薩以幫助救度眾生為本懷，他們能夠毫不倦怠的幫助眾生，是因為他們以性空如幻為根本，行大慈悲於世間。所以佛菩薩是我們學習的典範。

「性空如幻」到底「空」和「如幻」有何差別呢？勉強將二者分別，空是屬於一個小乘的解脫行者的根本概念，如幻是空的行動，必須用大悲來推動，這就是菩薩行。

以大家都很熟悉的《心經》為例來讓大家更加清楚明白。經中記載：「色不異空，空不異色，色即是空，空即是色，受、想、行、識，亦復如是。」

其中，「色不異空，空不異色」是要教我們思惟色（物質）與空兩者之間的差別。一切的色蘊，經由正確的認知，實相上的認知，知道一切的色蘊是由因緣的組合而成，是緣起的組合，它並沒有常住不變。我們這樣如理的思惟，發覺它是空的，也就是一切法萬有的現象（色相），都是與空沒有差別的；而空的現象能夠出生一切法界外相是因緣和合的緣故。這二者，一個是緣起，一個是緣生。所以在這裡，「不異」是一種思惟的過程，是一種見、聞、思的過程。

「色不異空」即是要破除我們一般凡夫對所有色蘊的貪著。而「空不異色」則是要斷除二乘聖者對於真諦空性的貪著。所以凡夫從「色不異空」的了知，可以悟入空性。因為，在悟入空性的時候，成為一切現空。如果沒有悲心的話，則是進入小乘的見地，一切諸色不異空寂。現在，我們在其間把它翻轉過來：即是以「空不異色」來使二乘者不要執著於空性中。

在「色不異空」中，所有的現象根本上是空。也就是說一個現象，不管是思惟或是現見的，都是空，所以一切現象皆屬於寂滅。但是寂滅對二乘而言，變成沒有作用、無力，所以在這中間要斷除他們執著於真諦空性的想法，因此，要跟二乘者宣說「空不異色」。

要知道「色不異空，空不異色」這兩句話所要面對及所要對治的，是有所差距的，但是對我們而言，我們都把它當成一個思惟之後的正確見地，對於這樣一個見地，我們還是把它納入一個五蘊皆空的看法來看。如此，「色即是空，空即是色」對我們在見地上的修持而言，是透過「色不異空，空不異色」來了知色、空兩者是不異的。如此，相應於「不異」的不就是「即」嗎？

我們了解「色即是空，空即是色」是正確思惟下的正確結果，對我們而言，還不是能夠立即證得的，因為「色即是空」是指證到小乘的聖者，小乘聖者以此境界進入絕對空的境界，可以說是「般若將入畢竟空，絕諸戲論」，而「空即是色」是指證到大乘菩薩，以此境界是菩薩的大悲作用，為「般若將出畢竟空，嚴土熟生」的方便行。

這兩者對修行人而言，雖然不能馬上證得，但是我們可以如實信受，同樣的，一般人也可以如實地相信接受。因為我們從「色即是空，空即是色」來理解的，是透過正確的思惟結果，所以我們能接受。

「色即是空，空即是色」這裡面不只是五蘊皆空，而是斷除有的五蘊與空的差別。而這差別是離於時間的五蘊思惟，「即」是沒有時間，是當下得證的境界。

讀《心經》時，能把這幾句話弄清楚，就在見地上確立了，此時如果我們心力夠、福德因緣具足，在聽聞「色即是空」時，即能現證「色即是空」當下就了悟根本智慧。若是小乘因緣的人，就立即成就阿羅漢的境界。若是大乘菩薩根器的人，馬上大悲生起，能現起「空即是色」。這時，就在證得「空即是色」時，即證到八地菩薩的境界了。有大神通、有大作用，立即產生千百億化身。

這時，我們過去所發的一切悲願，所相應的一切因緣，如千江有水千江月般的現起，在剎那之間全部現起意生身，往來於十方三世的一切世間中現身成就，教化一切眾生，而這一切因緣是我們的一心中的顯現。

很奇妙的，當我們了悟「空即是色」時，與我們的心願有因有緣的所有眾生，都會在心裡面投射出來，跟我們有因有緣的世界，我們也都會在那裡化生現起。而這個化生就是意生身。如是生、如是幻、如是滅，所以說有多少化身無法了知，只有諸佛了知。諸佛為什麼能了知？因諸佛是現觀，不是思惟。所以說「即」，我們可以好好思惟。

小乘行者依正見了悟一切皆空，而安住在諸法皆空的實相境界中，以解脫生死輪迴；大乘菩薩了知一切如幻，為一切眾生修一切行，而對一切境界絕不染著，因此能翻將覺海作紅塵，在世間度眾生，這兩者皆不是依我們現在的輪迴思惟所能達到的。

所以只有跳出輪迴的思惟，來談解脫才有意思，必須要了悟實相，再來談解脫，以及解脫後行，到底要住涅槃，或是來度眾生。

啟動智慧的基因

無我是智慧的基因，而人類目前的身心狀況正好相反，是由我執、無明而來的，人間的運作也是由我執而來的。

在身心相應的情況下，如果啟動我們的智慧基因，開始產生智慧時，我們的身體會產生變化的，而且是實質的變化，把身體的潛能發掘出來，把骨骼、肌肉、器官、神經各部位的功能發展到靈敏、圓融的狀態。

智慧的基因也就是無我，身心無我就能減低了身心為了自我意識、自我保護而產生的緊張，身心緊張在我執的狀況是一直持續著，日日緊張而不自覺，漸漸身體僵硬了，心理固執了，器官發炎陣痛，心情憂鬱悲觀，血管阻塞混濁，脾氣愈來愈差……等，就身心狀況而言，我們需要放鬆，放鬆身心，放鬆一切。

我們的身體由五大元素所構成：地、水、火、風、空。其實整個宇宙的物質現象都是五大的產物。但五大不是一一單獨的存在而是交互融入，所以水中有火，地中有水，如果五大彼此和調身體就能安穩自在，如果五大失調就會產生痠痛疾病，這也表示緊張充塞身心，此時要透過放鬆來對五大產生自然調和功能。其實五大是意識的幻影，只是相對性的實存幻影。我們了解五大如幻、意識也如幻，所以在放鬆時依正見而使五大自由轉換，使身體在如幻中全然放鬆，達到進化身心的目的。

整個放鬆的心要是：心如、氣鬆、脈柔、身空、境幻（境圓）。這五者由心的細微抽象到身、境的具相，可以說是包含了放鬆所要成就的一切範疇。

心如：「如」就是實際，如其本相。也就是心意識在觀照萬事萬物時能如其本相，如同鏡中所顯的景象，不加以絲毫的扭曲，也不使心靈受到任何的制約，只是顯現萬事萬物的本相而已。所以，心如就是心無所執著，不受制約。

氣鬆：心氣常相聚在一起，而氣要轉動自如必須放鬆，才能產生最大的力量，而我們的呼吸放鬆才能自由自在的濟助身體每一個細胞的生命能，並使之充足圓滿，具足生命體進化增上的能量。所以氣鬆則身心無病，生命力旺盛，而且徹底的鬆即沒有執著，一執著則生緊相，對身心不利。

脈柔：氣的通道即是脈。脈阻塞氣就不行，身體百病生，脈僵硬則易脆，氣息不暢，不能有力推動生命力量。所以脈柔，則氣通暢、充足，且氣機洪大。脈要柔就要脈不緊張、不硬、不脆。只有在脈自在無執下，才能顯現大柔。

身空：唯空能無塞且含容萬物。身要空則四通八達，毛孔空則氣息通流。肌肉、骨骼、器官都要空無阻礙，則放鬆自由活潑。

境幻：外境由共業所成，雖然較難改變，但其中自業部分卻可透過如幻的認識，比較容易隨心所轉。所以我們了知境幻，就可做為心轉外境的準備。

心、氣、脈、身、境根本是一貫且同體一如的，都是心意識的影子，但心意識也受到外境的反射而轉變，彼此交互的投射。如果我們能掌握到一切現象都是如幻的，所以身體必然能夠在適當的條件下轉換。而心、氣、脈、身、境一如，所以我們在放鬆時透過正見的智慧導引，必能影響氣、脈的運作，甚至改變我們外在的生理形象，成為有效的生命進化技術。

我曾建立一套身心的放鬆禪法，先從較粗的身體骨骼改造起，因為良好的骨架會使身體處在最舒適、最有力的位置，使身心的發展到最鞏固的地步。我們人類是兩足動物，但一般人的骨略與生理進化並不完全，再加上錯誤的思惟，使身心緊張，使全身構造有很大的缺憾，其實最理想的生理狀況是要像具足三十二相八十種好的佛身，最理想的心理狀況則是要像佛陀一樣具足了大慈大悲與智慧。

遠離貪瞋痴的生命

一個能放鬆的人，他的身心將逐漸健康與清淨安寧，並且能時常生起慈愛寬容的心，對一切生命視同手足，逐漸遠離貪欲、瞋恚與痴迷，而將之轉換成慈悲、智慧與信賴。

所以放鬆可以改善我們的內心世界，使我們更為敏銳、明晰，更有睿智與遠見，等到每個人都有深刻的放鬆體驗時，愛人，愛世界將成為一種常態。

佛身的形成就是心靈徹底放鬆後的完全淨化。例如佛身頂上有突起的頂髻（無見頂相）就是智慧圓滿的象徵，是腦部功能完全進化後所產生的現象。又，皮膚細滑、兩腋平滿、肩圓滿等三十二相都是因為氣機充滿，身體沒有任何阻塞所形成的，也就是說佛身是圓滿放鬆的自然產物，也就是悲心、智慧圓成的象徵，所以我們如果可以將身心確實的放鬆，不以自我保護、自我生存為生命的第一基因，而以無我、空性、慈悲來展現絕對開放的身心，我們的骨骼會產生變化，頭骨會變化、Ｓ形的脊椎骨會變直，背部會形成圓滿的直線，腰椎會放下，漸漸也能達成像佛身那樣圓滿莊嚴的相貌，而身體的這個小宇宙也就是一個佛國淨土了。

所以我們為了個人也為全球，我們現在就以悲心以智慧、無我來放鬆身心，肩膀放鬆，輕輕放鬆臉部的表情，自然而然會形成微笑，頭部、眼睛也放鬆，整個身心無限地放鬆。

如何觀察未來

我們在宇宙中所面臨的生現命象，是很有意思的，充滿了希望，也充滿了危機。我們如何觀察未來？佛法中有觀察未來的方法，也就是透過生死智眼來觀察，即所謂的天眼通。

自在決定未來的投生

在佛法中有所謂的「三明六通」，六通是指天眼、天耳、他心、宿命、神足，這是共外道的五通，加上不共外道的漏盡為六通。

佛教神通以漏盡通為根本，來總攝其他五個神通。很多對佛法不了解的學者，他們很輕率的說，天眼通就是千里眼，天耳通就是順風耳。

事實上，天眼通是不僅能夠觀察現在的十方世界，還能夠觀察未來十方世界現象。天耳通是能聽聞十方的聲音。他心通，是能夠了知其他眾生的心事。宿命通，是能夠了知過去。神足通，是能夠自在的轉換空間的現象，能夠從此地消失從彼地出現，能夠從空中現行。漏盡通是智慧所產生的神通，一切煩惱都沒有了。漏盡通才是最根本的，沒有漏盡通，光有前面五神通仍是不圓滿的。

如果能夠，我們當然希望用生死智眼來觀察未來。用宿命通來觀察過去，解決我們的心病；用生死智眼觀察此死彼生的現象。具足了這些條件，我們知道要投生在何處，投生的地方，有什麼樣的人、什麼樣的事、什麼樣的時、什麼樣的地、什麼樣的物。並且能自在決定投生在什麼地方，我們投生的地方，要擁有掌握人間改變契機的權力，來投入使我們人類改善成更好的因緣。

像釋迦牟尼佛當初從天上要投生到人間，他先觀察時間，看時間是否恰當？他觀察在二千五百年前的印度，時間剛好恰當，那個時代當中所有的眾生的智慧已達最高頂峰；如果釋迦牟尼佛那時觀察不當，而投生到原始部落，每一個人都不認識字，佛陀去那地方創造文字嗎？他去那邊的因緣就不恰當。所以一定是投生在一個文化已經進展到極限的地方，是需要再突破的時候。

他當時，為什麼投生在印度而不投生在中國呢？因為印度文明達到頂端，而且傾向的是宗教文明、精神文明。如果投生到中國，中國是政治文明、政治權力高漲，還有人文思想高漲

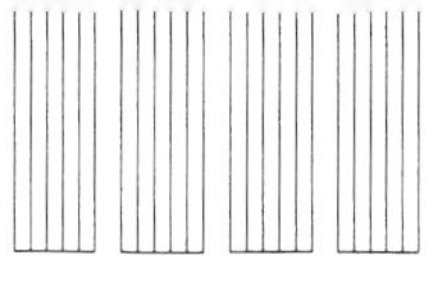

台北郵政第26～341號信箱

普月文化有限公司

地址：

市 縣

鄉鎮 市區

請寫郵遞區號……

路(街) 段 巷 弄 號 樓

姓名：

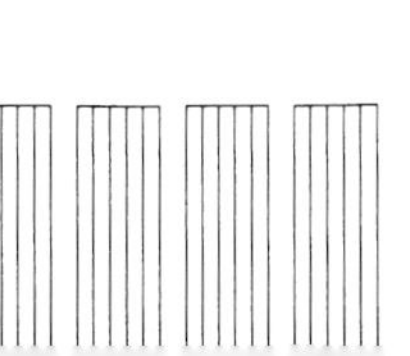

普月文化有限公司
讀者回函卡

請將此回函卡寄回，我們將不定期地寄給您最新的出版資訊與活動。

購買書名：＿＿＿＿＿＿＿＿

購買書店：＿＿＿＿＿＿＿＿

姓　　名：＿＿＿＿＿＿＿＿　性　　別：□男　□女

住　　址：＿＿＿＿＿＿＿＿

E-mail：

連絡電話：(O)＿＿＿＿＿＿＿＿　(H)＿＿＿＿＿＿＿＿

出生年月日：＿＿＿＿年＿＿＿＿月＿＿＿＿日

學　　歷：1.□高中及高中以下　2.□專科　3.□大學　4.□研究所及以上

職　　業：1.□高中生　2.□大學生　3.□資訊業　4.□工　5.□商
6.□服務業　7.□軍警公教　8.□自由業及專業　9.□其他＿＿＿
職務：＿＿＿＿＿修持法門：＿＿＿＿＿依止道場：＿＿＿＿＿

本書吸引您主要的原因：
1.□題材　2.□封面設計　3.□書名　4.□文字內容　5.□圖表
6.□作者　7.□出版社　8.□其他＿＿＿＿＿＿＿＿

本書的內容或設計您最滿意的是：

＿＿＿＿＿＿＿＿＿＿＿＿＿＿＿＿

對我們的建議：

＿＿＿＿＿＿＿＿＿＿＿＿＿＿＿＿

的地方。在中國人文、政治文明高度發展的地方，是很難開展出這一套有系統的修鍊方法，所以他才去印度投生。

再來佛陀觀察他的父母、種族，他要出生在什麼種族呢？他選擇出生在剎帝利種族，如果生活在婆羅門種族，由於既得利益的結果，他很難作出革新的行為，很難打破婆羅門獨佔的階位。而剎帝利在那時候，正是一個充滿了革命性跟行動的一個種族。他那時候也不能選擇一個大國，國家太大了，太有權力了，他下去也很難脫離。所以他選擇一個小國——迦毘羅衛國，父母都是很柔善、和忍，所以他選擇了這個因緣來投生。觀察時間、地點、種族、父母，即是人、事、時、地、物的抉擇，他如此抉擇而來投生。

如果未來我們有生死智眼，有決定的修行，具足智慧與悲心，用悲心、願力來決定要投生何處；如果我們沒有具足這樣的決定力量，只有繼續輪迴，不能決定投生何處。

其實，我們現在就可以看到自己未來出生因緣的一些端倪。怎麼說呢？我們觀察一下自己平常的一些習慣。

看看自己的對空間的習慣，在空間上我們有什麼樣的生活習慣。我們常常喜歡到什麼地方？喜歡什麼顏色？喜歡那些空間的哪些東西？

我們的心理有很多習慣，作事有很多習慣，用東西也有習慣，對於善惡的判斷也是有很多的習慣。除非我們在這些習慣之外，種下極重的業力——或是修行有很大的成就，能解脫生死輪迴，或是做惡事種下極重的孽緣而墮落沉淪，否則我們的習慣通常會變成我們將來投生最主要的力量。

所以觀察自身的生活習慣，把自己的生活習慣弄得清楚明白了，即使沒有神通也知道自己將來要投胎至何處。

掌握投生的契機

我們如果要掌握自己的投生契機，要先開始解剖自己的生命習慣，從自己的意識到生活習慣，每一個東西都解剖清楚，把它徹底了解。否則我們想要去投胎到自己喜歡的地方，只有單純意念是不夠的。

我們從何處可以得知自己有輪迴的習慣呢？最明顯的就是我們想事情時都常常從「我」開始；這是我的東西，這是他的東西。想什麼事情都從我的立場來想，有我執的習慣，而「我執」其實就是生命輪迴的根本。

要改變這樣的生命習慣，建議大家可以練習把「我」從自己的語言或文章當中消掉，也就是當我們寫一篇文章，把文章中有提到「我」的地方，把「我」字全部拿掉。從文字、從思惟當中，慢慢訓練，把「我」去掉。

觀察自身的生活習慣，可以了解未來的方向

另外，當我們在想事情的時候，不要說我是什麼。心理學常叫我們思惟「我是什麼？」「我是誰？」這是心理學上的方法，其方法是建立在我們的自我上。現在有很多人學心理學，很多心理學所教的方法可以讓我們安心，但是在安心之後也讓我們輪迴。

因為心理學上的方法是建立在自我上，要改變生命中深層的習慣，就是要打破自我。所以改變平常我們常說：「我是誰？」的習慣，成為：「誰是我？」

因為「我是誰」是輪迴的習慣，「誰是我」則是因緣所成。我是什麼？我的心，我的身體，我的衣服，我的成功，我的事業，我的家人，我的國家，我的地球，我的太陽系，一切都是「我的」。每一個人都強調「我」，但每一個人的我都不一樣。「我」有什麼不一樣？它排列組合不一樣。

如果有一個人他很喜歡種蘭花，視蘭花重於生命，他的孩子不小心把蘭花弄壞了，他打兒子像在打仇人一樣，因為他看蘭花已經比兒子重了，這是很極端的，但是，我們是不是常常有很多這樣的情形？

如此看來，他的蘭花在他眼裡是地位最高的，他寧願不吃不睡，把時間花在照顧他的蘭花，這蘭花的地位顯然已經擺在他身體前面了；他所有的錢都去買蘭花，蘭花已經擺在錢財前面了；他事業都不要了，蘭花比事業更重要。

所以在此，大家可以排列組合一下自己的「我」，我只是緣起而已。

那什麼是「無我」？不要以為「無我」是把「我」拿掉，把「我」拿掉還是有一個「我」存在，因為是有一個「我」把「無我」拿掉，無我不是這個意思。

幾年前黑松汽水有一個廣告令我印象很深刻，其中一句辭：「劃去心中的一條線」。男女小學生共坐一張桌子，二人互為隔壁鄰居，兩人便在桌上畫下一道線，彼此不能越過這條線。

這情景顯示出其實從小孩的時候，就開始建立自己的空間意識了，都在劃分自我領域。這卻是我們從小就養成的習慣，很可怕。

這就是「我」，這個我很複雜，要如何無我呢？就是解除心中那條線，只把這線拿掉而已，就無我了。

無我的時候，還是照樣吃飯、睡覺，還是在鏡子中看到這個我，但是你講我的時候，不執著自我了，而了知「我」是因緣和合。所以，無我就是劃去心中的那一條線。

有多人說聽到無我就感覺很恐怖，有如刀割心。可是當我們了悟無我時，還不是一樣吃飯、睡覺，只是吃飯睡覺的更自在而已。

人是很奇怪的，對能增進自己生命幸福光明的事情，永遠在作反對的事情，這真是顛倒夢想。

養成良好的習性

我們現在從智慧的觀點開始下手，養成生命中良好的習性。用八正道來養成解脫的習性；用六波羅密來養成大悲的習性。我們養成布施、持戒，而且不執著的忍、精進、禪定、般若等良好習性，到最後將之變成我們自覺當中的東西，我們不隨境所轉，而能夠自在現身。心心念念來觀察我們現前與未來的一切眾生，遨遊宇宙，用大悲來成就。我邀請大家，一起成為宇宙中的遊子，這是一群大悲菩薩的遊子。從大悲心，菩薩的心，從此生到彼生，從此時到彼時，生生世世永遠去造福眾生。從現在開始決定，共同來決定宇宙中的圓滿，生命的圓滿，讓眾生成佛。

中國號稱是一個大乘佛教的國家，其實所行的都是小乘行。稱為大乘佛教的國家，只是因為我們拜的佛菩薩比較多一點。因為如果到南傳國家去拜觀世音菩薩，是會被趕出來，因為他們不拜觀音的，他們只信釋迦牟尼佛。

我們常自稱自己是大乘國家的信徒，不是修行人。人家南傳的都自認為是上座部的修行人，解脫的修行人。而我們連修行人都沒有，還號稱是大乘國家，這是很可笑的。

所以我們要轉換角色，不要老是當作哀哀上告的眾生，一天到晚只求菩薩保佑的眾生，不能只是有事的時候才祈求佛菩薩，而是沒事的時候就要當佛菩薩的使者。如果我們覺得自己很差，沒有資格當佛菩薩的使者，更不能做觀世音菩薩，但是我們至少可以作百千萬分之一的觀世音菩薩吧！我今天做百千萬分之一的菩薩，明天作百千萬分之二，每天進步一些目標，就是要成就觀音行，要成就普賢行，要成就文殊行，要成就彌勒行，要成就地藏行。

隨著我們的因緣，隨著我們的境界，隨著我們的相應，我們決定成就，在宇宙當中，生生世世永遠不斷的創造。把現在的未來，來生的未來，無絕的後世的生命，完全奉獻給這塊泥土所有的眾生。一切眾生雖是無量無邊，但是我們決定：無量無邊的眾生，我們用無窮的生命，一定要讓所有眾生得到解脫成佛。不只使眾生解脫成佛，要使眾生安置在最圓滿、最清淨莊嚴的淨土，把我們供養給一切眾生，希望大家圓滿成佛，創造每一個人清淨的國土。

期望來世成為怎樣的人

我們可以用智慧眼來觀察未來，但到底有沒有前世？有沒有來生？一直都是大家很有興趣的話題。

但是有興趣也要具足正確的智慧，否則知道了自身的前世今生的種種，反而造成對自己生命的干擾，影響了自身的未來，如此就可惜了。因此，我們要具足智慧正見，鑑前知後，讓我們的未來更加光明廣大。

一個生命的全體企劃，其根本是建立在對宇宙人生都有一個正確的見解上，要了解生命的因緣果報，到底是什麼因素讓我們生存在這裡？什麼因素會讓我們變成這樣子？什麼因素讓我們成為那樣子？

了解因緣果報的正見，即是了解了宇宙的根本本質，清楚了知這正確的道理，就能夠掌握因緣變化，變遷的緣起，如此就能夠作出很確實、很有用的時空企劃，使我們的生命在未來這一生中過得更圓滿。

如果有來生，依於這正確的生命見地，可以期望自己的來世成為一個怎麼樣的人，或者生存在什麼樣的地方，甚至我們把未來生存的地方，依照我們的想法，把它設計的更好，這些的可能性都是我們接下來要談的主題。

現世因緣成未來

什麼是未來？假如我們有未來，甚至有今生的未來，或是來生的未來，我們可以想一想，然後描繪出自己希望的未來。想一想，如果真的有下一生，自己想要做什麼？甚至更深入的問題，假如有來生，你真的希望有來生嗎？希望自己有來生生嗎？

一般人都希望自己有來世的，而且希望有比他現在更好的來世，但對於所謂的更好的未來，卻不知如何描繪才是更好的；有些人是希望他的未來是滅絕的，因為他對世間的一切都已經失望了，只是沒有勇氣自殺而已，否則他會提早結束自己的生命；有些人則希望他能跳脫來世，因為生死輪迴太苦了，期望跳脫輪迴，不再有未來，但對於要怎樣才能跳脫輪迴，卻是一片空白。

不論是不能描繪自己更好的未來，或對如何跳脫輪迴是一片空白，都是因為我們對未來的知識缺乏的緣故，所以沒有辦法架構出來世的景物，或清楚跳脫輪迴的道路；如同要建造一棟房子，如果不懂得如何建造的方法，或沒有擬定要建造什麼樣的房子時，就胡亂的把房子蓋起來，結果看起來非常難看，地基又不穩固，一碰上像九二一大地震就倒塌了，這能怪誰呢？是自己造成的吧！

要如何現觀自己的未來呢？

要現觀未來就必須先看現在，因為我們現在生活在這裡，是一個不爭的事實，是不能否認的，如果不能接受自己現在現有的存在事實，是沒辦法對未來有任何助益的，更遑論將自己未來改善的更符合自己所想要的未來。

有些人自信太過，總以為自己要做的事沒有做不好的，一旦發生錯誤，總是不能接受事實，而一昧的沈溺在失敗的經驗中，且不斷的否認失敗，心中認為不可能是他做錯，他是那麼的優秀，怎麼可能呢？一再的沉溺在其中與事無補，且對未來沒有幫助的情緒當中；而有些人卻是好高騖遠，認為自己未來是大富豪，整天幻想自己如何過著豪華富麗的生活，卻懶得工作，每當從幻想中回到現實時，又時常抱怨，為什麼還是活在貧窮當中呢？這樣的人都是沒辦法改善自己未來的人。

不幸的是，大部分的人都是活在回憶、怨恨中，不肯接受事實，不肯接受自己現有的因緣果報，常常沉溺在一種「我見尤憐」的自哀自嘆的情緒中，以致誤了改變自己的機會。

好好思維期望未來成為什麼樣的人

為什麼接受現在的自己，才有辦法改變自己呢？因為當我們完全的接受自己現有的一切條件，心情就沒有任何高低起伏的情緒，心力也就不會耗費在回憶悔恨當中，而能正視自己目前情況下的前因後果，進而了解在這事實的情況下，自己再做那方面的努力，或學習那方面的能力，會使自己的未來可能更加的光明美好。

我們完全接受現有事實後，要了知造成這事實的因緣是什麼，觀察這事實的造成是因為自己的判斷錯誤，還是資訊不足的緣故？或是自己生命的習慣所致呢？透過觀察，找出自己的種種限制與思惟慣性，做為改善自己的基本元素。

而佛法中的宿命通、宿命智，能讓我們更了知現在的我之所以會如此，是因為過去因緣的結果。

觀察緣起條件

我們了知現在的種種生命條件，都是過去自己所造的因緣所致；同理可知我們現在的種種造作，皆是造成我們未來的因緣。因此觀察我們現在種種一切行為，就可以預測我們未來可能有的樣子。反之，我們希望自己的未來是什麼樣子，也可以透過現今的一切努力來達到。未來是如何呢？我們心中總是渴望能洞悉，在佛法中有一種力量能夠讓我們現觀未來，能夠讓我們見到自己的人生，這種力量就叫做天眼通。

天眼通是六通三明的一種，在佛法中所謂的「通」，在《大毗婆娑論》中言：「何以名為通？於自所緣無倒了達，妙用無礙，故名為通。」即我們所緣的一切外相，心中清楚明瞭，沒有混淆，因為我們對一切外相的體性完全了解，知道一切的體性是如一的，所以能夠產生妙用無礙的現象，所以名為「通」。這與民間常談的靈通或種種靈異現象是不一樣的，佛法中的「通」是指對一切事物的體性如實了解。

天眼通具有兩個特性：一個是觀察現在十方的世界；第二個是觀察未來的緣起。觀察現在的十方世界，不單是我們一般概念中看到鬼而已，上可看到層層次次的天人，下可見福報大瞋心強的阿修羅及地獄道眾生，還能看到外太空去；不只是看到一個太陽系而已，而是看到無窮的太陽系。至於，能看到什麼地步，這就得看功夫的大小了。

像《阿彌陀經》上說極樂地界是：「從此西去，過十萬億佛土。」一個佛土是十億個太陽系，也就是一個大千世界；一個大千世界是一千個中千世界，一個中千世界是一千個小千世界，一個小千世界是一千個太陽系，所以一千的三次方等於十億；那麼十萬億，即是再乘以十億個太陽系。從我們生活的太陽系開始算，當然不是只算地球，因為地球會轉來轉去，無法確定西方的位置，而是算我們這太陽系往西邊算去十萬億佛土。

十萬億佛土不知如何算？大家看得到極樂世界嗎？我們常常聽到很多人說他去極樂世界玩，我不知道他是怎麼去的？這可以稱之為「做夢」、「幻想」、「幻聽」、「幻視」！這不是神通，神通應是一清二楚，明明白白，這才看得了十方世界。

觀察我們自己現在的狀況，我們現在世界的狀況，依照現在的條件，我們未來會怎麼樣？這個緣起會怎麼樣？在這裡面要特別注意，天眼所觀的未來緣起不是決定論的；佛陀不會為我們決定未來，他只是叮嚀：照這樣下去，我們會怎麼樣。

像近代一位偉大的高僧金山活佛，他很有意思。他的徒弟很喜歡算命，他說：「啊！你們不用算了，我替你算最準了。」他的徒弟聽到以後都很高興，當金山活佛把他們叫到跟前，只講了一句話：「照你們這樣下去，你們一定會死。」是不是很準呢？

佛陀觀察緣起，再這樣下去結果會怎麼樣，這是依我們現在的緣起說的，不是說未來一定是怎麼樣。佛陀不是命定論者，如果不這樣理解的話，而認為佛陀說未來你會變成怎麼樣就一定會變成那樣，這是將佛陀變成一個命定論者。但佛陀是最偉大的精進論者！所謂的精進論是說我們現在的意識投注進去的話，可以改變生命的航向。不是看到東西，就盲目的一直衝下去。

除了改變航向，也可能起死回生，如同張果老為智顗大師的俗家兄長陳鍼算命，說他剩不出一個月的生命，陳鍼害怕，就去找他出家的弟弟——智顗大師商量，於是智顗大師教他止觀法門，請他用心修持。陳鍼為了要逃避死神的召喚，就日以繼夜的修持，這樣經過二年後又遇到張果老，張果老很驚訝他竟然沒死，就問他做了什麼善事，陳鍼說只修止觀而已。張果老聽了非常佩服，佛法真有不死的靈丹。

我們要好好珍惜應用佛法。要如何應用呢？用我們的願力。我們大家發起願力，再讓這個世界和平，我們的心力越來越強，就可以改變這個世界，等世界和平了，佛陀在一旁看了，他也會拍手說：「啊！你看，你們真棒！」但是這世界快要不行了，除非大家都發大願來改變它，否則就會如我們所預期的了。天眼通是看緣起條件的，如果是這樣繼續下去應該會導致何種結果，而不是說決定必然會如何。

能量轉換的原理

要得到佛教的天眼通，首先必須具足幾個條件：第一個，要學般若波羅蜜。什麼是般若波羅蜜呢？就是對整個佛法所講的空要徹底的了解，要了解一切都是由緣起所構成的，一切都是如幻的，一切都是空的；如果能深刻了知一切都是緣起的、是空的、是如幻的，就知道一切都是無定相的，這樣深刻的了解是很重要的。

在《大智度論》裡面說，木材不一定是木材，一經過焚燒就變成灰了；水不一定是水，一遇到冷就結成冰。古代只能用這樣的講法，我們現在怎麼講？水的分子、碳的分子，這些種種最後的體性沒什麼差異呢？我們把分子結構改變一下，就可以變出很多東西。以前跟人家說H_2O，沒有人懂，現在我們都能了解，這是科學文明的進步，佛法理論進不進步，那是另外一回事，倒希望我們功夫也進步一點。

我們現在了解了，花的體性，它的構成分子一直到最後一些量子，它跟杯子的體性是一樣的。如果我們進入空性，比量子更細微的地方，當然就能更清楚的了知。一九五〇年的量子物理學界，他們發覺能量很高的時候會產生反物質現象。這個現象，在我們身上也會產生，我們修行到最後的話，整個能量快速到極點，所有細胞旋轉到極點，它會拋出反物質，結果整個人都消失掉了，整個身體都產生宇宙爆炸，當我們再回來的時候，都可以改變物質結構。所以說宇宙的一切外相，全部取決於能量。

能量決定速度，速度決定時間、空間。地球很大吧？但地球快速運作的話，可能崩潰到比一枝筆還小的東西。具有相對論常識的人應該知道，運動很快的時候，在裡面你感覺是一分鐘，出來之後你發覺，你的孫子已經很老了，所以有句話說「天上一日人間百年」。這個天是指忉利天，也就是三十三天。

而三十三天的天主是帝釋天，也就是民間俗稱的玉皇大帝，這三十三天是一個天，而不是有三十三「層」天，佛教是講二十八層天，三十三天是平面天，東西南北各四個天加上二十八天，共有三十二，再加中央一個就是三十三天。此天生活一天等於我們人間一百年，他可以活一千歲，等於我們人間三千六百歲，但是他們一天跟我們一天的感覺是一樣的。

四天王天一日等於人間五十年，它過一天，人間已過五十年了，然而他感覺一天，我們也是感覺一天。再說他一天等於我們人間五十年，他可以活五百歲，所以五百乘於五十再乘以三百六十五，九百多萬歲。

再說，極樂世界的一天等於我們娑婆世界的一劫，所以很多人喜歡去極樂世界，當然，大家都能去極樂世界修行很好，但要知道，我們這邊修行一天的功夫等於他們那邊修行一劫，然而我們在娑婆世界修行是危險多了，極樂世界比較安全，問題是那邊修行成就比較慢一點。

由此再迴看神通現象，在我們現代，用高能物理學或相對論來看，是可以成立的，因為我們打坐的時候，能量會高得驚人。

我們來看看古代阿羅漢示現死亡的情況。比如說阿難尊者，他年紀大要走了，結果恆河右邊的國王說：「阿難尊者，不准你到對面去喔！你一定要留在我這邊，不然的話，我就攻打對面。」恆河左邊的國王說：「阿難尊者，你一定要來我這邊入涅槃，如果不來這邊，我就攻過去了！」阿難尊者要死了，死在那邊都還有事情。結果阿難尊者走到恆河上面，然後踴身空中十八種神變，水中出火，火中出水，類似產生核子爆炸，各位想想看：身體自己燃燒要幾度？然後要兩邊各自分配，一邊一半。

這是怎麼一回事呢？就是能量轉換的關係，能量決定了整個身體，隨時可以轉換，隨時可以使它起火燃燒的。像密宗講虹光身，連舍利子都可消失掉，他整個散為四大，變成空性，變成光明。地、水、火、風，都有它的顏色，所以它變成虹光，就是這麼來的。神通現象，用能量來講大家比較容易了解。我們要了解一切法無定相，不過是分子的結構改變。

我們這個宇宙爆炸的最初三分鐘，所造成的那麼小的粒子，可以穿透一百公里厚的鋁牆。那個粒子穿過去好像是是穿越太空一樣，我們的細胞裡面，分子跟分子之間的差異很遠的，就像太空一樣，是很稀疏的組織。就像杯子，水透不過來；但是很多東西可以透過去。

我們如果能了解到一切都是空的，就能起如幻自在變化，因此，物質跟能量可以互變，當把一切物質現象，回復到能量的現象，我們可以用意識來控制能量的變化，我們的腦子裡面有什麼，就可以將能量的現象重組成心中所想的情況。在這時候就牽涉到第二個條件。

功夫都一樣的話，如何才有大神通？這取決於我們腦子裡面東西的多少，就如同孫悟空與楊戩的神通變化一樣，楊戩有七十三變，孫悟空只有七十二變，少一變就輸了。也就是我們腦子裡面少想一樣東西，就輸了。羅漢沒事就在那邊坐，都不管事情，而菩薩四處管事情，因此，菩薩的大腦容量大，神通當然比羅漢高明，猶如同樣品牌的電子計算機，一個記憶體內容大的，可以寫出更多的程式；一個記憶體內容少，運作起來就有限了。所以慈悲的運作跟我們現起神通的廣大有關，我們具有慈悲心才會觀照到一切眾生，才會學習一切善法，而當這一切善法跟空性的理解同時現起的話，就能夠現起大神通。因此，要修習如幻的天眼通要具足大悲心及了知一切皆空為根本。

預見未來的天眼通修法

天眼通的修習方法，要先了解一切都是空的。然後在打坐的時候觀想一切都是空的，整個細胞、整個身體、整個一切宇宙都是空的，當我們對身、心、境的感覺越來越空、越來越空的時候，要依於我們的慈悲心所引起的心念告訴自己說：為了幫助一切生命，所以必須能夠看到他們、知道他們需要什麼樣的幫助。

因此，要將念頭專注在：我要看到一切生命。這時候要先找一個自己最喜歡的人來看他，要注意，不要找自己最討厭的人來看，容易修不成。

當我們把自己最喜歡的人攝受到眼前觀察時，起先是模模糊糊的影像，漸漸就有了黑白分明的形體了，慢慢地可以觀察出色彩來，就像調攝影鏡頭一樣，是越調越清楚的，到最後毛髮悉現、一清二楚時，可以同時再觀想兩個人來看，如果我們觀想一個人到毛髮悉現一清二楚時，神通現象也就快現起了，可見修習神通是不難的。但若我們無智慧、慈悲心以及足夠的定力的話，顯起神通可能會帶給我們很大的麻煩。所以修習神通時，一定要先具備前面如幻觀的基本條件。

當我們同時觀察二個人，也到達毛髮悉現時，即可同時觀察三人、四人、五人……。在這樣不斷的觀想攝受觀察訓練的時候，突然間，啪！外界的形象就自然的出現了。有時候，會感覺一個人同時看到十方的法界，心是重疊的，但是一清二楚，就像一個人身上有十個銀幕一樣，但是心理面清清楚楚。這重重疊疊、無窮無盡的形象，到最後會進入華嚴境界，看到整個宇宙像無窮摩尼寶珠一樣，重重疊疊互相映照，但這是最高明的境界，一般的神通現象沒辦法達到的，這是天眼通的力量。

天眼通具觀察現在十方的世界及觀察未來的緣起力量，當我們具足天眼通時，現在十方世界都清楚的顯相在前，亦能現觀未來的緣起相。但要注意：所謂未來的緣起相是指所顯現的未來相是依於現今的因緣條件下演化所成的現象，並不是固定不變的，即是如果我們依現今的因緣一直下去的話，就會有這樣未來果報顯現的緣起現象。

而且我們要清楚了知，神通並不是全能的，有神通而煩惱很多的人還是有的，因為他沒有智慧具足，白天人找他治療這個病、治療那個病，弄得他筋疲力盡；晚上精靈鬼怪找他，比劃比劃，鬥得他不得安眠，使得他的生命從此沉淪在這光怪陸離的神鬼世界中不得超脫。另外，我們也常聽到一些具有報得神通的人，即所謂的陰陽眼的人，一到晚上都不敢出門，一出門到處都見鬼，弄得自己的生活緊張兮兮的，這樣的神通好嗎？所以說神通絕對不是全能的，而且神通還會帶給自己很多的不方便，因此在學習神通的時候，要十分的小心，同時要具足智慧、悲心與定力，否則寧可不要也罷。

天眼明的特質

除了天眼通之外，佛法中還有所謂的天眼明。這兩者有什麼不一樣的呢？在《大智度論》中有記載：「直知過去宿命事，是名通；知過去因緣行業，是名明。直知死此生彼，是名通；知行因緣際會不失，是名明。直盡結使，不知更生不生，是名通；若知漏盡，更不復生，是名明。」這段經文是比較六通中的宿命通、天眼通、漏盡通與三明的宿命明、天眼明、漏盡明的不同。由此可知明比通更深更細緻些，就好比如果我們有天眼通，我們能夠看到未來世界的現象，而天眼明就是除了看見未來世界的現象外，還能明瞭造成這現象的因緣變化、行為造作的條件是如何進行的。

如果把時空因素，拉回到兩千年前，在兩千年前的你，具足天眼通，並且利用天眼觀察兩千年後的未來，當你觀察到有一個人開著一輛凱迪拉克的汽車在道路上行走的現象時，你會如何描述給其他人知道呢？是說未來兩千年後會有汽車，還是未來兩千年後會有自動轎子，在馬路上滾來滾去呢？恐怕是後者吧！因為在兩千年前的你，雖然能看見未來的現象，但也不知道那是什麼東西，而且當時的交通工具很少，根本沒有汽車的概念，因此見到未來的現象時，只能類比當時相似的交通工具了。所以當兩千年前的你看到兩千年後的汽車會當作自動轎子來描述，看到波音七四七飛機時，會說成一隻大鐵鳥；看到路燈時，則形容成會發光的夜明珠，是不是如此呢？

縱然天眼通能見未來相，但是缺少未來的知識，只能以當時限有的知識作類似的描述，是難以為人所重視，尤其是後代者常以所知道的事情，來看前人賢聖所留的文字，而藐視先賢的知識。像水中的細菌，在佛陀當時曾說「一缽水中有四萬八千蟲」來稱呼。這是因為當時沒有顯微鏡的緣故，平常人看見最小的動物就是小蟲，而佛陀觀看水中的細菌要告訴弟子時，也只能告訴水中有肉眼所無法見到的蟲，使弟子明白。但現今的人就會認為佛陀沒有常識，不知道那叫細菌，竟然告訴弟子是蟲，真是有違他是一切智者。

其實水中的細菌本來沒有名字，是在科學家以顯微鏡觀察時，發現水中竟有肉眼看不見的微生物存在，而將這微生物命名稱之為細菌，細菌成為這看不見的微生物之代名詞也不過是幾百年的事情，而後來的我們竟以為細菌是這微生物的本來名稱，以為它是萬古常存的名字，這種想法也很可笑。因此佛陀稱為蟲，我們現今稱為細菌又有何差別呢？

我們對知識、對人類的科學文明，要有尊重的心，但不能以偏概全，以為除了科學文明才是文明，其餘皆是不可信的；同樣的，天眼通亦有其限制，不可盡信，何況天眼通只能看見現象，卻未能通達現象之因緣，比起天眼明又不如了。

天眼明能夠看到未來現象生起的原因，這是智慧的表徵，因此天眼明是天眼的生死智，它不僅可見此死到彼生的現象，更具有了知此現象所產生的因緣之智慧。

我們了知對未來觀察的天眼通和天眼明的差別，對於我們的生命有何意義呢？除了要我們明白連真正的神通所見的現象，都要對它有所保留，何況那些連天眼通都不如的靈通、鬼通，豈能盡信！

此外，我們對生命要有更深層的體悟，雖然我們目前不具這種神通力量，並不表示我們對未來就不能有較清楚的觀察；既然天眼觀察的是未來的緣起相，而緣起相是因果構成的，因此現在的種種，就是過去所造成。

所以我們了知過去的因造成現在的果，而現在的種種是造成未來的因，因此，過去所做的種種造成現在的情況，這個事實我們要完全接受，但是對於未來要成為如何的未來，則是我們現在要好好思惟的，並且努力造作才行。

寬廣的生命見地

現今一切的造作，都是構成我們未來的原因，要想有個很好的未來，就必須努力的從現在耕耘起，不能混沌過日，更不能製造未來招致苦果的事情，要對我們生命的未來有計劃，要有戰略，不能讓外在的一切環境因素操作自己的生命未來，要自己做主，配合外在環境因素，創造自己美麗的未來生命。

思想見地為生命戰略的核心

生命的未來戰略計劃，要如何建構呢？這當中最重要的是什麼呢？我們要知道：在建構整個生命的未來時空的戰略計劃，最重要的核心，而不是功夫技術。重要的是我們的思想見地；功夫技術絕對不是核心，功夫很好就像是工廠裡面的裝配工夫，或是操作車床的工人一樣，能夠精準的將電器的零件組合無誤；但是思想見地就如同設計師一樣，能夠將一個器具完美的設計出來，使工人能順利的裝配完成。思想見地是影響我們人生未來走向的主因。

同樣的生命條件，經驗同樣的生活經驗，由於背後的看法（思想見地）不同，所產生的結果會有很多的不同；就如同一樣是從小貧困出生，有的人就像王永慶先生般的白手起家，成為萬貫家產的人；有的人就耐不住貧困而淪落為小偷強盜。又如同樣生長在帝王家，過著富麗堂皇的生活的人，有的人是從此落在聲色縱欲中，有的是悔恨生在帝王家，更有如釋迦牟尼佛一般的人，不為聲色迷惑，成為生命的大自在者，真正是「一樣米養百樣人」。

如果我們對未來沒有任何的企圖心，也沒有任何的看法時，那麼我們的未來一定是黑白的，絕對不會是彩色的，想要如瞎貓碰到死老鼠一樣的幸運，是妄想的事，所以對生命未來的思想見地要廣大、要寬廣，讓生命的未來能夠得到更豐富的滋潤，更強壯的生命基礎。

思想見地的寬廣與否對生命的未來影響是很深遠的，這生命見地的寬廣，是要與我們的智慧、悲心與定力相應的，不是與我們自私的貪、瞋、癡結合；若與我們的貪心、瞋心、愚癡結合，是開不出廣大的思想見地的，如同具足愚癡貪心的守財奴，在臨死時還在為兒孫在家中多點一盞燈而生氣，這樣的生命氣度，造成的結果，好比佛經中貪吃乳酪的小沙彌，死後墮為專吃乳酪的小蟲一樣，是沒有出路的。

成為偉大的格局

我們要將生命的智慧毫無限制的開放出來，讓心地廣大宛如虛空一般，能包容一切的萬象；我們的悲心要深厚寬廣，猶如大地一樣，能滋潤一切生物，讓一切有情無情得以安穩；而我們的定力要無限的增長，使自身的生命力能因應一切波濤巨浪，豐富我們的生命境界。這樣寬廣的生命見地，就如同種植在大地上的榕樹一般，不僅自身長得高大寬廣，甚至樹蔭延綿周遭，可供一切人及動物在樹下乘涼消暑。若生命見地不夠的人，其未來的生命，最壞的可能淪落在苦境中，永難翻身；最好的狀況，就如同栽植在盆景中的美麗小樹，僅可供人玩賞外，對自身毫無增長可言。

要了解佛教中佛陀之所以成為佛陀，不是因為他具有什麼天命，也不是他具有上帝兒子的身分；而是他對一切有情具有廣大的悲願，高深的智慧及定力的深厚，在生生世世中不斷的學習救度眾生的方便，甚至不惜一切生命的幫助眾生，才成為讓人景仰的偉大人格，這是人具有心地寬廣的思想見地最後的見證，也是自釋迦牟尼佛後，歷代偉大的修行人效法的對象。

但是一般中國人的觀念中，不僅是從小說中或戲曲中，甚至真實的民間中，都把這些偉大的修行人或出家師父，視為具有靈異功能的人，從來不了解這些修行者的本懷。他們是願意

寬廣的思想見地讓未來的生命更豐富

對生命真實探討、真實計劃的人，是不願讓自己的未來淪落為隨波漂流的人。如果我們只看重他們為救度眾生所施出的靈異方便，爭相的要他們為自己抓鬼驅魔看風水，好為自己帶來財富名利，每天到處祈求他們的幫助，總希望不勞而獲，使自己的生命淪落為終日祈求的可憐人，而不能效法所祈求的對象之悲心，不能使自己的未來生命也能像他一樣的豐厚，不能成為具有幫助他人的生命格局，這是沒有用的。

淪落生命苦流的命定論者

凡人對無知的未來，都是充滿好奇，都想一窺究竟，不管是東方人或是西方人都喜歡算命，不論是用紫微斗數、八字論命或是星象命學，乃至撲克牌算命，算命的人都想了解自己這一生到底如何，甚至每天的運氣好不好，使自己的生命，常因算命的運勢好壞，而喜憂不定，耗費自己的生命能量於種種的算命中。

在中國人的思想中，總認為禍福惟天所命的，一切是在出生時，就都注定好的，你能吃多少、穿多少、有多少財富，是早就安排好的，所以「命裡有時終須有，命裡無時莫強求」，先天命格注定，是不能改變的，但是後天的運動好壞，雖然受到先天命格的影響，然而可以透過我們陽宅的風水，尤其是祖宗父母墳墓陰宅的風水好壞，靠祖宗父母的好風水，來改變自己或後代子孫的運氣；或是多多行善積陰德，或是自己認真讀書，看看能否感動上蒼賜福。因此傳統對生命格局的看法，常以「一命二運三風水四陰德五讀書」來論之。這樣的對外祈求，造成了中國文化中各種算命的理論方法的發達，及堪輿風水的歷久不衰。

在佛法中，這樣的命格看法，是屬於世間次序，讓人永遠淪落的起起伏伏的生命苦流之中，永難出頭。這種對外祈求的生命是沒有出頭的一天，只是墮落在算命、風水的左右局限中，甚至讓人將未來的生命或現今生命的一切困境或過程，推給命運及祖先風水的好壞，而不肯接受事實，不肯承認自己有缺失，進而改過，使自己得到成長。這樣的看法，雖然有鼓勵人向善行善的想法，但終究是不足的生命格局。

世出世間的生命氣度

而佛教中對人的生命格局，也開出了兩個格局，即是出世間與世出世間的生命格局，使人在未來的生命計畫中，有不同的參考價值，其中又以出世間的生命格局，更為人所讚嘆效法的對象。

所謂的出世間的生命格局，是為一些對世間感到充滿痛苦穢惡，而一心想要遠離厭棄世間的人，即佛教所謂的小乘聖者之流，讓這些人依佛陀的苦、集、滅、道四聖教義，了知世間一切都是苦、空、無常、無我的、虛幻不實的，使他的生命遠離一切生命輪迴的苦痛，而安住在沒有任何煩惱，極為清涼無比的寂滅境界，讓他的生命，不管是現在或是未來，完全安住在解脫涅槃的寂滅境中，生命從此不再有痛苦煩惱的生起了。

然而這樣的生命格局是一個自了漢型的，只能獨善其身，不能兼善天下，猶如空谷幽蘭，只能自我欣賞，不能與人分享，因此這樣的生命，只能清淨自身的煩惱，卻沒有感動他人起而效法的生命氣勢，是為佛陀慈悲的方便教化，讓極於想解脫苦痛的人，得一安穩之地的方便。

而像佛陀這樣的人，所開啟的生命格局是世出世間的生命氣度，他是了知世間一切如幻如化，眾生本來清淨，只因顛倒夢想為雜染塵垢所覆，不得出離，因而悲憫眾生，願為有情做一切的救度，使有情反歸本來面目，學習佛陀如此行持的人是佛教中大乘菩薩行者。

他們雖然了知解脫涅槃之樂，也能安住在寂滅境界，但因大悲心故，不忍眾生輪迴在虛幻的生命痛苦當中，因而與眾生同入生死流轉中，以無窮無盡的生生死死的時間，來救度無量無邊的眾生，令所有眾生同證菩提。

這樣的生命氣度、生命格局，猶如大海般可以蘊育無量眾生，讓很多人因為他們而得到生命的安頓。

像這樣以菩薩的生命格局做為未來生命計畫的根本之人，在實踐的過程中，往往具有很多感天動地、令人可歌可泣的故事。

如佛經中記載釋迦牟尼佛在行菩薩道時，為了成就布施的悲願，有捨身飼虎、割肉餵鷹的感人故事；又如為了將佛法傳譯至中國的鳩摩羅什三藏法師，受盡種種的魔難，也甘之如飴，甚至在後秦主姚興，逼迫其接受十位美女時，為了維護僧團的清淨就搬出僧房，並要斷掉僧眾生起輕慢心，而對眾說：「譬如臭泥，中生蓮花，大眾但採蓮花，勿取臭泥。」更為了斷大眾起而效法而娶妻妾之心，在一次說法後一同吃飯時，當眾吞下了一缽的鋼針，並說：「若想學我，先吞下一缽鋼針再學我，否則還是安心於道，莫生疑慢。」這種使眾人安心於道的精神是動人肺腑的。

菩薩行者的生命格局，不但是超越世間的一切，同時又回入世間救度有情的悲智人生。在為有情生命，提供其改變自身的生命戰略計畫中，是包容世間的一切看法，再從中昇華它，使他的生命在未來能具有廣大的格局。因此，相應於「一命二運三風水四陰德五讀書」，這世間改變未來的生命的次序，也可以有一個更有效果，且符合佛教精神的新模式，這新模式的排列次序如下：

一願、二悲、三智、四功德、五命、六運、七定力、八風水、九世間福德、十知識。

這樣的新模式，是具足佛法的精髓，並隨順世間而轉化世間看法的新次序，是改變自己本來生命的最佳序列。在宇宙中最大的力量就是願力，連佛都要順從他的願力，都要依他的願力而行，如果沒有願力是成不了佛的。

或許有人會說神通力能撼動山河星球，力量最大，但神通力終究抵不過業力，就如同佛陀弟子神通第一的目犍連尊者，為不忍釋迦族遭毀滅，在琉璃王攻打釋迦族，以神通力將五百童男童女裝入缽中帶離戰場，期望能保住一線族脈，然因業力故五百童男童女皆化為血水，使目犍連尊者喟嘆不已，了悟神通力量難抵因緣業報的力量，故而在其晚年，在被外道圍打時，因為了知是因緣所致，就隨順捨報了。

可見因緣業報力大於神通力，但是願力卻大於因緣業報力，就如同地藏菩薩在過去世的本生故事中，地藏菩薩是一個孝順的女子，為了救度墮入地獄受苦的母親，及悲憫一切受苦眾生，在佛前發下「世界所有地獄及三惡道諸罪苦眾生，誓願救拔，令離地獄惡趣、畜生、餓鬼等如是罪報等盡成佛竟，我然後方成正覺」的大願，這「地獄不空誓不成佛」的大願力，讓她的母親捨地獄受苦的業報，而得生無憂國土，生活在快樂無憂之中。

願力的救度尚且能幫助母親解脫因緣業報的苦果，況且於自身更是有無量的助益！所以對於未來的生命計畫，若沒有發起大願力的話，是很難達成的。

願力是悲心與智慧的總集，當我們發願而生起強大的力量時，更要不斷的增長悲心，增長了悟宇宙實相的真實智慧，累積無我的功德；這些善因緣就足以使我們未來的生命具有很好的因緣，其後的次序是為配合世間緣起而加入的方便法而已，所以當我們具足願力、悲心、智慧、功德後，接著是命運及我們的專注力量，還都屬於內在的改變，再配合外在的風水、世間福報及知識的累積，更讓我們的未來，具足內外圓滿的因緣。

轉福為禍的錯誤見地

思想見地的差別，影響一個人的未來甚巨，為了讓我們更有警惕的作用，以下說明一位因見地的不正確將自己的福德轉為惡報的善星比丘故事。

在佛教的說法中，有四種難得之事，非有很好的因緣福德是很難成就的，所謂的四難就是指值佛難、說法難、聞法難、信受難，要想值遇佛世，親聞佛說法是不容易的，因此後代很多佛弟子在佛法中修行時，常以福薄不能得遇佛世，不能隨佛修行而感到慚愧懺悔不已，甚而發願期望他的未來生命能夠生在有佛出世的國度，好常隨佛學。而故事的主角善星比丘有福德值遇佛世，隨佛出家修行，卻因自己的不正確看法與想法，壞了自己的未來，使自己的生命要遭遇眾多不必要的苦果，沒有出頭的可能。

善星比丘是阿難未成為佛陀侍者之前，侍奉釋迦牟尼佛最久的一個人，他整日跟隨佛陀身邊，侍奉佛陀的一切生活起居，並且聽聞佛陀為人所說。

有一天，佛陀為帝釋天王說法，由於佛陀早昔修法精勤，為道不惜性命的從事六年苦行，一天只進一粒米或麻而已，整個身體瘦得不成人形，到最後才至菩提樹下悟道成佛，以致身體弄得很虛很累，在他為帝釋天王說法後，感覺需要休息時，就躺下來休息。

經過很久的休息，佛陀都還沒有起來，而在旁侍奉的善星比丘，在旁邊坐著等候，就如同人家講的「近廟欺神」一樣，跟佛陀久了沒有得到佛法，反而起了輕視之心，心中想著：「佛陀有什麼了不起的？還不是和凡人一樣要休息！」於是心裡想著想著，就認為佛陀修行不高，對佛陀所說法也起了懷疑，認為沒有像佛陀所講的那麼好，沒有涅槃之事。

於是心中開始對佛陀產生不恭敬甚至不滿的情緒，行為也開始做一些違逆佛陀的教誡，甚至到了連帝釋天王都看不過去了，但佛陀還是能涵容他的行為，帝釋天王就感到奇怪的問佛陀說：「世尊呀！像善星比丘這樣違逆的人，怎樣還能在佛法當中呢？」

佛陀回答：「沒有關係，雖然他心中已經生起了不正確的念頭，但是他還有佛性，將來還是有得到無上菩提的可能！」

佛陀為了不讓善星比丘再如此下去，將來會招感惡果，開始為他特別的說法，然而善星比丘心中已起邪思邪見，不管佛陀如何為他說法，都無法使他再生起信受佛法的心，依舊我行我素的做些違背佛教的事，甚至結合外道破壞佛教。

善星比丘心中不滿佛陀，但還是隨著佛陀到印度各國，侍奉著佛陀，又不斷的做違逆的行為；有一次，跟著佛陀入城乞食，當時的人民對佛陀有著無比的敬仰，渴望能見到佛陀，甚至只要看到佛陀走過留下的腳印，就很高興了，感到自己有福報見佛的千幅足印。

佛陀了知人民心中的渴仰，也慈悲的留下足印，讓看不到他的人能夠瞻仰到足印，以滿足人民的希望，但善星比丘卻生起破壞心，故意要毀掉佛陀的足印，讓人民無法看到佛陀的腳印，然而佛陀的大威德力，並非心中邪見充滿的人所能毀壞的，人民見了善星比丘的行為，都感到非常的討厭他，但善星比丘不因此而感到慚愧，甚至變本加厲的破壞佛教，到處胡說八道，到處說無因果之邪見。

最後善星比丘跟印度當時的裸形外道尼乾子等人結合，到處宣說尼乾子是阿羅漢，是大家的福田，要大家供養他，佛陀看到這種情形就規勸他：「尼乾子不是阿羅漢」，但善星比丘不聽，反而說佛陀心生毀謗，心有偏見，看不得人好。

然而佛陀還是悲愍善星比丘的，希望能幫他回歸正見中，於是以天眼觀察尼乾子後說：「尼乾子沒有證得阿羅漢。不信的話，七天後，尼乾子會因肚子痛而死掉，而且死後會投生到餓鬼道當中，他的同修會把他的屍體置在寒林。」

善星比丘仍然不相信，並且不想讓佛陀所說的話應現，就去告訴尼乾子，要他想辦法，在七天中把身體養好，不要讓佛陀給說中了，好使佛陀墮在妄語當中。結果尼乾子想了想，就說：「好，我就不吃東西，看看會不會因肚子痛而死！」

當尼乾子為了使佛陀的話成妄語，就進行了七天的斷食計畫，到了第七天，尼乾子心想：「斷食完了，我沒有死，這下子佛陀成妄語之人了！」心中一高興，不覺得腹中有點餓意，於是就食用了一口黑蜜，沒想到黑蜜一入口肚痛不止，又喝冷水，反而讓佛陀言中了，當場死了。

善星比丘依然不肯相信佛陀，還硬辯說尼乾子是投生三十三天，不是投生在餓鬼道當中，不管佛陀如何的勸誡他，他心中不斷的對佛陀生起邪惡之心，到最後善星比丘因他的邪惡心充滿自身，而陷入了阿鼻地獄中，受無間斷的苦難。

雖然善星比丘的因緣福德很大，能夠隨侍在佛陀身旁，親聞佛陀的教法，但因他的思惟錯誤，見地不對，不斷的生起邪知邪念，反使他建構出一個錯誤的境界，而不能得到佛陀的教化，甚至因此邪見而身陷阿鼻地獄，讓自己未來的生命處在無間斷的痛苦當中，所以對於自身的未來，因緣果報的看法要正確，不要自視現生的福德因緣很好而滿足。

又像佛經中所言的四禪比丘，他的禪定功夫很好，已經修得四禪的境界，但是他的見地不正確，以為修得「初禪就是初果，二禪就是二果，三禪就是三果，四禪就是四果」，因此自以為已經證得四果阿羅漢了，已經達到無修的境界了。

但是阿羅漢是沒有中陰身的，所謂的中陰身是指生命從死亡到投胎前所執取的身體，一般稱為靈魂，但佛法不承認有靈魂，而稱為神識，也就是中陰身；而修得禪定，在還沒有取得解脫的人還是有中陰身的存在。

因此當四禪比丘在臨終時，他的四禪中陰身現起，而準備投生四禪天時，他看見了四禪中陰身現起心中生起很強的忿怒心，認為佛陀說謊，根本沒有涅槃這回事，結果這四禪的中陰身是完全由定力所形成的，然而火燒功德林，他的瞋火忿怒破壞了他的定力，同時也破壞了由微細物質體與精神體所結合的四禪中陰身，使他生不了四禪天，甚而墮入地獄中。

可見禪定功夫高不高，對我們的未來生命影響不如見地正確來得重要，如果沒有正確的見地，功夫再高也沒用。

在生命未來的增上向善的過程中，一定要有正確的見地、正確的思想，生命才能朝向光明的未來，如果對未來沒有正確的思想見地時，不管我們如何修身養性，都會落入空幻中。

深信因果的美麗未來

我們不相信定業，因為我們不認命，但是絕對要接受事實，因為因緣果報是世間的實相，只要能夠知道正確的因，行正確的緣，絕對可以達到正確的因緣果報，如此整個人世間的所有的未來事務，所有的一切緣起的事相，都在我們的掌握當中。

正確的因緣果報態度

對於因緣果報的問題我們要有正確的看法，否則我們的未來是很難有光明的前景的。我們要向密勒日巴祖師一樣相信因緣果報的重要，才能有美麗的未來。

在《密勒日巴尊者傳記中》記載著一段他與弟子的對話，是他的弟子藏頓巴普提惹問尊者說：「上師啊！您一定是大金剛持的化身，為了度眾生才化現人世，示現這樣一個稀有的事蹟。」因為密勒日巴在西藏是一個偉大的修行人，一生在雪山修行，受到種種的苦行，他師父為了磨鍊他，叫他獨立搬石頭蓋房子，把皮肉都磨破了，甚至毒打毒罵他，他都忍受以求得師父的教導，其苦行之深，甚至在十二年當中，在深山修行只吃蕁麻過日，身體都吃成綠色了，到最後才有很高的成就。

弟子又說：「否則您最少也是無量劫來修行佛道，已經登了不退轉地的一個大菩薩！您為了法，不惜生命的去修行，所作所為，處處表現出你是一位非凡的菩薩。像尊者這樣的苦行和忍耐，在我們這些凡夫弟子來說，不用說做不到，連想都不敢想！就是想要學，身體也受不了，所以上師您老人家一定是佛菩薩的化身。我們雖然不能像您那樣的修行，但是也都知道凡能夠見到上師及聞法的眾生，都能解脫輪迴，這是一定無疑的。能否請您告訴我們，您究竟是哪一個佛菩薩的化身？」

尊者答道：「我自己也不知道是誰的化身，最可能的恐怕還是三惡道的化身吧！你們以我為金剛持，當然會得到加持，可是你們以為我是化身，這對於我固然是淨信，然而對於法卻成了無比的大邪見！這是因為你們對於佛法的偉大果德不了解的原故。譬如像我原來只是一個普通的凡夫，而且前半生還作了大惡業；為了相信因果業報，決心拋棄了今世的一切，一心修行，現在離開成佛的階段也可說是不太遙遠了。」

「尤其是遇見一位條件具足的上師，能夠受到他的攝受。得到真言捷徑的心要口訣，和不為言詮所染，徹見本來面目的指示灌頂，依法修持，所以即身成佛是決無疑議的。如果此生只是造作惡業和五無間罪，那麼命終以後，一定馬上就會墮入無間地獄的，這就是不信因果和沒有精進修行的結果。如果由內心的深處，對因果的道理生起堅決的信心，怖畏惡道的苦痛和希求無上的佛果，那麼人人都可以和我一樣對上師有絕對的虔誠，在修行時有最大的努力和覺證。這是任何人都能夠辦到的。你所說的甚麼佛菩薩的化身，完全是因為對密宗未能確切了解。你們應該多讀古德們的傳記，思惟輪迴之理，要常常記取人身難得，和壽命無常的話去努力修行！我曾不顧名聞和衣食發大勇猛，忍大痛苦，獨自住在無人的山中修行，因而獲得覺受和證解的功德。希望你們也學我一樣去好好修行。」

在這對話中密勒日巴跟我們講的就是對因緣果報要堅信，他就是堅信因果，才得到即身成佛的成就，未來的人生都在大光明中，而我們若能深信因果，接受因果事實，則能生起強大的警惕心，於我們的未來有很大的助益。

因果論非宿命論

然而中國人對因果的瞭解，都是偏向於認命文化，對因果的看法都成了宿命，就如袁了凡早期所認知的因緣果報一樣，袁了凡有一次去拜訪雲谷禪師，並且與雲谷禪師對坐了三天三夜都不起動念，不起一念。雲谷禪師看了說：「你真是了不得的人，一個世間人能三天三夜不動念，了不得呀！你為什麼能夠達到這樣的地步呢？」

袁了凡就回答說：「禪師呀！這是因為我能夠認命的緣故，為什麼呢？因為以前有一位孔先生是一個命理高人，他幫我批命，算我一生的榮祿名利乃至何時會死亡，說我可從仕途官位至四川一大尹，但沒有子嗣，到五十三歲會死亡都講得一清二楚的；我本來不相信的，但自己發生的每一件事都與他所批的命相應，像這樣的人生都已經命定了，我有什麼好爭的呢？所以我能三天三夜不動心。」

雲谷禪師聽了說：「先生呀！我本來以為你是非常人，現在才知道你還是凡夫俗子。」袁了凡覺得很奇怪，禪師回答：「因為你是認命而已。」

佛法的因緣果報觀具備有三個條件，第一個是堅信因果。有因必有果、有果必有因是不容置疑的；第二個是接受事實。現在發生的事實一定有他的原因，一定要接受，但是我們可以很無奈的接受事實，也可以很精進的接受事實；第三個是永不認命。精進的因果觀是：只要事情還沒發生，都還有改變的可能，而積極的從事改變事情的可能，但事情發生了，就接受事情，為解他的因果關係，而更努力的再從事改變的可能，而不

接受因果對未來有很大的助益

是認命就算了，這樣的因果觀才是精進的因果觀。

在正確因緣下，我們努力的去作，如此正確的果報就會出現，若不中也不差太多。

在建立我們的未來幸福光明的人生，要像諸佛在行成佛因緣的果報一樣，要瞭解我們的因緣果報，及外在整個法界時空的因緣，不要相信有什麼定業不能轉，只要還沒發生的事就可以轉變。

規劃未來的生命發展

在掌握正確的因緣後，我們開始來規劃自己未來生命的發展，就像現今所流行的生涯規劃一樣。

但是，現今的生涯規劃，大部分的人都以外在的成就來做為自己一生的目標規劃，以一生的生命來做時間規劃，看起來好像妥善的規劃了人生，殊不知如此的生涯規劃局限了自己生命的廣大發展，而且容易鑽營於外在物質成就中忙碌，反而失去性靈的增長。早在兩千五百多年前的印度人，就開始規劃他們的生命。

在早期印度婆羅門教將一生分為：一、梵行期——從出生到成長的過程。二、居家期——成立一個家庭，成為一家之主，有責任來照顧家人的生活，要負起照顧家庭的社會責任。三、林棲期——年事更長些，下一代已經長大了，一家之主的責任已經告一段落，這時他可以放下這一切俗世的責任，安心地修持，專心修行使自己的性靈能增長。四、雲遊期——等修行到一個階段，已經成熟了，就可以雲遊四方，隨緣教化。

這是早期印度人的生涯規劃：從出生、學習成長、社會責任、家庭責任，乃至自己性靈的增長，最後圓滿教化，將自己的智慧在人間傳承下去，成為生生不息的智慧傳承。

這樣的生活方式看起來比現代人更圓滿，現代人的生活幾乎沒有自主性，而是被整個周圍的步調所控制著。

未來時空大企劃

我們對生命的規劃所期望的是，不僅限於今生的規劃，更是生命生生世世的未來時空大企劃，因為我們期待未來生命的發展，是使自身生活在外沒有任何生命危險、眾苦逼迫的環境，內能夠如同諸佛一樣，完全的自在，完全的圓滿的人生。這樣的生命未來規劃，可以說是未來理想生命的生涯規劃。我們踏實地做自己圓成理想生命的生涯的規劃。

對佛教徒而言，在處理世間跟出世間的事件，常常是分立成兩途的，他每天的生活內容，只有在早晚課的時候他修學佛法，其他的時間，他以世間的做法在處理世間的事情，他並沒有把他的心完全安住在佛法中，不知道整個生活處世待物就是佛法。

對於佛教徒的成佛生涯規劃，希望將自己生活的全體融攝在佛法當中，且擴展到幫助家人朋友，規劃他們自己理想圓滿

對生命的規劃不僅限於今生，更是生生世世的未來時空大企劃

的生涯規劃。

過去中國的佛教徒，每每以大乘佛教自居，事實上則是山林佛教，修行好的人就去閉關或是到山上修行。這樣的做法，仍嫌不足，因為只有把人間當做整個成佛的道場，把所有的眾生當做我們服務的對象，才能真正符合大乘佛教的真諦。

我們可以幫助其他的人，使他們對未來的人生都有理想圓滿的規劃，使他們走向圓滿覺悟的道路，我們知道雖然我們現在不夠圓滿，但是我們已經知道如何走向圓滿的道路，同時希望將這樣的理念給每一個朋友。

回到古代的生活，我們把自身脫離這個世間比較沒有問題，但是在現代這個社會裡面，每一個人所掌控的力量都很大。

記得在報紙上看到一則報導：一輛大卡車司機，在馬路上不小心撞死了警察，他怕被抓，就橫衝直撞的連續撞了十四輛車子，使更多人受傷、車輛遭破壞。

但我們掌握的能量稍一不慎的話，就會把其他人的生命破壞了，侵入其他人的生命系統。

可以聽聞佛法的人是很幸福的，如果我們具足佛法的智慧，就應該將這份智慧提供出來，積極的參與世間，幫助我們生活的這個世間成就，透過理想圓滿的生涯規劃，將諸佛的悲願、智慧帶進我們現有的人間。

現在許多的佛教研究者，因為接受了對西方知識的研究態度，而把佛陀當做一個客觀的、死的問題來做研究，他只是從佛經裡面，來做考證、做文獻的探討，或是做為社會科學的研究。大家很少能夠思惟到另一個問題：在生命中這本經典現在怎麼用？我們如何將所閱讀的經典運用於生活上，而且在自己受用之餘更幫助他的人，而漸漸清淨我們的生活空間。

每個人盡自己的力量來改變，建構一個未來的一個清淨的淨土。使得未來的人、事、時、地、物，都朝向一個光明圓滿的境地來進行。既然我們知道因緣果報，世間很多人相信因果卻不瞭解因緣果報，如果我們具備了很深厚的悲願，有很深的禪定力量，有很高的智慧力量，還有開放的心胸，使我們能夠掌握時空的緣起，而且幫助更多的人也能夠掌握時空緣起，創造美好的未來。

積極發展生命的因緣

像佛陀在世時，他是很積極的來幫助這個世間發展，許多人不了解他的智慧，後來才了解，他確實是一個覺智者，佛陀在印度當時講了許多很深刻的、跟當代生活關係很密切的事物。

在古印度，養育牛是當時最重要的事情，那是在當代最重要的科技之一，因為牛是那時的生產力。

有一天，牧牛人就去考驗釋迦牟尼佛，他問佛陀說：「放牛人有幾法成就，能令牛羣蕃息？有幾法不成就，令牛羣不增，不得安穩？」

佛陀回答道：「有十一法放牛人能令牛羣蕃息。何等十一？知色，知相，知刮刷，知覆瘡，知作煙，知好道，知牛所宜處，知好度濟，知安穩處，知留乳，知養牛主。若放牛人知此十一法，能令牛羣蕃息。

「比丘亦如是，知十一法，能增長善法。云何知色？知黑白雜色。比丘亦如是，知一切色皆是四大，四大造。云何知相？牛吉不吉相，與他羣合，因相則識。比丘亦如是，見善業相，知是智人，見惡業相，知是愚人。云何刮刷？為諸蟲飲血，則增長諸瘡；刮刷則除害，則悅澤。比丘亦如是，惡邪覺觀蟲飲善根血，增長心瘡；除則安隱。

「云何覆瘡？若衣草葉以防蚊蝱惡刺。比丘亦如是，以正觀法，覆六情瘡，不令煩惱貪欲、瞋恚、惡蟲刺棘所傷。云何知作煙？除諸蚊蝱，牛遙見煙，則來趣向屋舍。比丘亦如是，所聞而說，除諸結使蚊蝱，以說法煙，引眾生入於無我實相空舍中。

「云何知道？知牛所行來去好惡道。比丘亦如是，知八聖道能至涅槃，離斷常惡道。云何知牛所宜處？能令牛蕃息少病。比丘亦如是，說佛法時，得清淨法喜，諸善根增盛。云何知度濟？知易入易渡，無波浪惡蟲處。比丘亦如是，能至多聞比丘所問法；說法者知前人心利鈍，煩惱輕重，令人好濟，安隱得度。云何知安隱處？知所住處無虎狼、師子、惡蟲毒獸。比丘亦如是，知四念處，安隱無煩惱惡魔毒獸，比丘入此，則安隱無患。

「云何留乳？犢母愛念犢子故與乳，以留殘乳故犢母歡喜，則犢有不竭，牛主及放牛人，日日有益。比丘亦如是，居士白衣給施衣食，當知節量，不令罄竭，則檀越歡喜，信心不絕，受者無乏。云何知養牛主？護大特牛，能守牛羣故，應養護不令羸瘦，飲以麻油，飾以瓔珞，標以鐵角，摩刷稱嗟等。比丘亦如是，眾中有威德大人，護益佛法，摧伏外道，能令八眾得種諸善根；隨其所宜恭敬供養等。」

佛陀這十一種牧牛的方法，讓牧牛人聽得目瞪口呆，深覺汗顏，自己對牧牛所知的方法最多也不過五、六個方法而已，佛陀卻能講出十一種牧牛的事件，因此從此對佛陀十分的恭敬。

我們從佛陀的牧牛喻當中可見的，佛陀對當時事業生活提出很深很實際的看法，令人民得到物質的滿足，並在這些方法當中，更內化向心靈，希望我們在從事任何事件時，也同時提升自己內在心靈的品質；透過在世間的運作，使我們自身更具智慧內涵。

現今我們面臨的是一個科技昌盛、物欲橫流，而人的心靈愈加脆弱的時代，要建立一個什麼樣的架構，才能夠使我們脫離種種的苦惱憂患呢？而且現在的人類具足太大的力量了，在未來的世紀，人類心靈如果不再超越，我們整個籠罩生態環境污染的威脅上，受到物質強力干擾，甚至在電腦時代來臨時，我們的整個身心將會遭受更大的傷害。佛法正足以提供人類及外在時空超越的力量，如何具足這力量呢？就是從我們發願建構一個清淨的世界、幫助我們未來這個世間成為淨土開始。

第三章

·創造未來的幸福·

尋找時代的感覺

現在市面上有許多翻譯書討論關於死亡、輪迴轉世，這些觀念本來是東方思想的產物，尤其很多是來自印度婆羅門教，現在傳到西方世界，經過西方人的轉換後才產生的。在一層一層的轉化當中，也已經一層層地把西方人的自我意識放在裡頭。

在東方世界輪迴轉世的說法當中，中國古代本來沒有這樣的想法，只有所謂的鬼，人死為鬼，但是沒有輪迴的說法。這個說法是佛教傳來中國之後，與中國的傳統說法結合在一起才產生的，其中形成了所謂的「十殿閻王」，中國為了因應這樣的說法，甚至自創經典。

根據學者研究，有些經典很可能是在中國再造的，例如在《佛說地藏菩薩發心因緣十王經》中有談到地藏王菩薩跟十殿閻王的關係，說閻魔（羅）王國之閻魔（羅）王是地藏王菩薩的化身，這是很中國化的東西，因此這部經被認為是中國人所造，甚至是日本人所制。但是不管怎麼樣，把地藏菩薩跟閻王結合的觀念已經影響中國人的深層意識。

很多人會產生一個疑問：這樣創造出來的經典，是幻想的還是真實的？可以相信嗎？我們的意識和外在世間是怎樣產生互動的關係？

深層意識與業力所形成的世間

一百年前的人類，不會想到今天地球會是現在這個樣子，因為他們並沒有這樣的意識，現在地球是這個樣子都是我們的深層意識，透過因緣時空條件結合在一起而產生。

所以，主因是在哪裡呢？是在我們腦子裡——「深層意識」，再加上業力——個體的別業以及共同的共業，相互與外在的時空轉動而形成的。

對於世間法的觀察，我們必須很深刻去體會，如果還停留在認為地球在動、人類在變化，而其他世界是永遠停留在幾千年前甚至幾萬年前不動的樣子，這樣的觀念本身是很不如實的。

深層意識會影響整個世界，但是深層意識要轉化整個人間因緣，要透過比較複雜的過程，因為我們人類有外在的器世界，也就是地、水、火、風、空……等物質性構成的世間環境，當然這也是構成我們人類身體的五大元素。人類的身體在六道裡面算是比較粗重的，而畜牲道伴隨人道，以粗重的程度來說也是很重，但是牠們是處於受報的角色，是隨人類的轉化而轉化。

人類從心意識的發起，影響到我們的六根，而產生身體的作用，這段過程由於器世間、身體的粗重度較大，所以會變化得比較緩慢，也就是說因到果的形成這中間的轉換需要比較多的時間。

但是我們要知道，像地獄或是中陰的世界，也就是一般我們所說屬於靈魂神識的世界，這個層次的世界沒有實質身體的負擔，也沒有外在器世界的包袱，所以變動的狀況要比我們人類還快。我們人間的粗重感比較重，而且人類在所謂的六道四生中是居於主體的地位，是整個六道輪迴的主體，也就是造業的主體。

人類是六道造業的主體

天道的福報、品質似乎都比人間好，為什麼他們不是造業主體呢？就因為天道福報大，大快樂，所以他們是專門享樂。而三惡道：地獄道、餓鬼道、畜牲道，他們是受惡報的，他們受惡報都來不及了，根本沒有時間、空間主動轉動去造業。

修羅道眾生一天到晚都在生氣，生氣天道眾生比他們幸福，所以他們忙於生氣，生氣得忘了他們要做事情。

只有人道是苦樂適中之所，能積極地為善為惡，所以六道四生以人道眾生為造業的主體，這個造業主體的種種作為會直接影響到其他五道眾生。

整個精神界的因緣會隨著人類因緣而改變全貌，而且很快速。所以，許多過去的說法，內容上似乎有許多矛盾、衝突。

例如我們中國人耳熟能詳的地獄，在整個世界擴展後的現在，有些人會產生這樣的疑問：「這個地獄到底是屬於中國的？還是美國的？」

試想在過去幾百年前，哥倫布還沒有發現新大陸以前，每一個地方都不能溝通的年代，這個問題是存在的嗎？那個時候，那些在美洲大陸的印地安人也不知道在他們所處的世界之外，還有這樣的人以及這樣的世界。

所以古代的中國他們所認識到的地獄，一定沒有包括在美洲的印地安人，因為他們的意識中根本沒有那些資訊。所以在某個程度上，意識轉動建構外在世界、觀念，隨著年代久遠意識彼此交叉，互相作用形成很複雜的網絡。

整個精神世界的複雜，是依據我們深層的意識所構成，這裡面有很多的虛妄。現在坊間有許多國外翻譯的書很流行，奇怪的是：如果這方面的書是中國人寫的，寫得再怎深入怎麼合理，也不會引發至如此受重視的程度。一個美國的醫生學了一些皮毛，用他的想像力所創作的書，所引發的作用就非常驚人，其實這就是「遠來的和尚會念經」的心理。

在台灣，如果有一位哲學老師或中文老師，他在台灣的哲學界、中文學界沒有很好的成就，或者說某個瑜伽老師在印度並非是一位很好的瑜伽師，但是一到美國去，美國的文化本身並沒有這樣的東西，所以他們一看到這位瑜伽師，或許就驚為天人而趨之若鶩，瑜伽師也就一下子有名氣，成為所謂的國際級大師。同樣的，在美國國內一些沒有成就的人，在其國內也沒有人聽聞過，但是他在其他國家卻是大師。所以像這樣的情形在人間是常有的，不只是我們東方崇洋的心理，我想世界各國都會有物以稀為貴、好奇等等心理。

掌握時空因緣

所以馬祖道一禪師就曾說過：「學道莫還鄉，還鄉道不香」。學道最好不要回家鄉，回家鄉就沒有人聽你的了。馬祖道一禪師他悟道成為大禪師，很了不起，可以說是六祖以後最偉大的禪師。他成道以後，要回家去度他家鄉有因有緣的家人鄉親。

回到家鄉，大家聽說有一位大禪師回來了，便招朋引伴爭先恐後的去看，大有萬人空巷之勢。結果一看，心中熱情涼了一半，心想：這不是隔壁癩頭三家裡的小孩嗎？旁邊的阿婆說：「他小時候這副德性，現在會得道，我才不相信。」說完就走掉。全部的鄉民都大失所望。所以「學道莫還鄉，還鄉道不香。」

馬祖禪師的嫂子對他很有信心，要跟他學法。他說：「要學，可以。」就拿出個雞蛋給她，要她聽這個雞蛋的聲音，把蛋吊著好好的聽。這個方法看起來似乎很蠢，聰明的人會懷疑：雞蛋跟高遠的大道有關係嗎？為什麼不是教我打坐念佛念《金剛經》？甚至為什麼不去看佛像？或像觀音一樣聽水聲？所以說，人就會裝傻，尤其修行的人要被人當成傻子，你不做傻子不像在修道！大家都要當聰明的，結果聰明的反而是傻子。

馬祖道一禪師的嫂嫂就老實地努力聽雞蛋聲，有一天吊著的蛋掉在地上碎了；虛空粉碎，大地平沉，他的嫂子當場悟道了。大家若不相信，可以回去摔蛋試試看，看看會不會開悟，一個不開悟再摔二個，二個不開悟再摔，結果一百個蛋破了還是不開悟，於是大家回過頭來把蛋丟在我頭上去，質問我：「你叫我摔蛋，結果為什麼怎麼摔都不開悟？」

大家要了解：不是蛋破才開悟，是因為前面那個因緣啊！

我們修行若只是在修開悟的那一剎那，而前面的都不修，那是沒有用的。

因為禪師的嫂嫂對他有信心，所以在聽蛋的時候，身心十分專注，心無所染、無我、無我所，也沒有任何的意識存在，就只是聽，專注的聽，聽到入定，「啪」一聲蛋破，電光石火，若沒有非常的專注，別想因為蛋的聲音而開悟。

記得我在民國七十二年閉關之前，曾在善德禪院講經，為了讓他們迅速體會禪境，於是我想若是事先預告要他們專心，那是沒有用的。於是就叫他們穿線，他們就很專心的穿，我便在桌上準備了一碗水，當他們正在穿線的時候，我就把這碗水摔在地上，「啪」一聲！有些人整個震住了，有些人那時候又驚又喜，眼淚馬上噴出來了，這不是一般普通的驚嚇，而是在專注時候的驚嚇，這就好像禪師站在禪堂，滿臉漠然或是很凶，用香板、聲音、動作震住對方，在那一剎那間弟子絕對忘了自己是誰，這就是「剎那定心」。

所以禪師的行為一定是莫名其妙的，為什麼是莫名其妙？因為禪師知道要莫名其妙，他不是亂莫名其妙，亂莫名其妙是瘋子，禪師並不是瘋子。

我要他們專心，在專心之下藉由打碎碗的外緣，剎那之間沒有念頭，見到法性。這法性光在什麼時候看得到？就是在突然靜下來的時候。

我再說另一個出現方式，但是大家千萬不要愚蠢的去嘗試，這個方法就是在開車的時候突然發生車禍，——「碰！」一聲，那時候絕對沒有念頭。

人的心念都是在妄想紛飛，很多事都是自己在胡思亂想的，只能在好的因緣下一「定」，才能進入狀況，這是剎那定心。可是一般人遇到這情形卻常視而不見，過去就沒有了，又繼續妄想紛飛，所以有很多撞車事故發生，卻沒有幾人能在這當中見法性光、入定境的，大家還是繼續妄想、輪迴。

當我們在開車撞車的那一剎那還會記得呼吸嗎？心停止的時候呼吸絕對停止、身體也停止了。心停、氣住、脈休，一定是這樣，所以才能剎那入定，但是在這樣的因緣下，能掌握住的人，一定是平時有修為的，不要以為所有功勞全在那一剎那。

一個高明的禪師拿著香板，吆喝你、斥罵你，這叫做「指示見性」。有時候一聲：「笨蛋！」啊！開悟了，這叫做指示見性。我在摔破碗的時候也是，可惜人們的無明殼太厚了，瞬間開了，無法保住，馬上又縮回去了，但是有很多微妙的定性會出現。

當時在場的一位老禪師說，當我把碗拿起來的時候，有些水飄在空中，那時候聽到水光撞擊的聲音，「叮叮噹噹」！像下雨一樣，這輩子從來沒有聽過這種聲音，剎那間進入一個定境。有些人剎那間哭出來，有人聽到「啪！」一聲，好像宇宙爆炸一樣，但是因為整個福德還不夠，所以並無法成氣候，所以說摔蛋容易，前面的修為才難！

釋迦尼佛坐在菩提樹下看曉星而開悟，有的人看了千百顆星星也不能開悟。這是要看自己心裡的星，其實沒有定心，看什麼也一樣。這裡面就很有趣也很奇妙。所以禪師就是要掌握整個因緣時空，讓我們開悟。如果只要開悟的那一剎那，前面的努力都沒有，這是不可能的。

現在有很多禪方面的書。很多人跟我說這些書很好看，從裡面可以得到很多做人的道理，這個很好，只要這本書能幫助大家明瞭一些事這是很好的。若是要拿來修行，也可以，你拿這本書把自己關在洞裡三年再出來，看看這本書被你看完後有沒有變成灰？若是變成灰，你才知道它是無常。有一位秀才發願要好好的閉關讀書，結果讀了三年出來後說他悟了，悟到什麼？他說：「我知道了！原來書是用印的。」

所以說修行的過程是真槍實彈、拿命來換的，現代人卻喜好速食文化，希望別人的加持灌頂，就可以輕鬆愉快地開悟了！這其實是在浪費生命。

從心念最深層去尋找時代的感覺

真正的生命本身是很重的，很實感旳、很真誠的、很有力的，沒有體會生命的真實處、沒有把命放進去，真正磨勵出來的話，那麼力量是很輕很飄的。就算當時被一位大修行者加持了悟了，也會很容易的就烏雲密布，轉眼間就失去了。

記得僧肇禪師被斬首的時候寫了一首詩：「將頭臨白刃，猶如斬春風。」這樣的風範展現出修行人在任何時候都是一體的，碰到事情時是如此，在富貴中也是如此，從中我們可以看出僧肇已經開悟了。有些人可能是創作詩的天才，能寫出很多有意境的詩詞，但是當刀子要殺他的時候，他可不再是春風了，而是烈日炎炎！

我們用生命來體會真正的感覺、真正的痛苦。有時候看這時代，不只是這時代，其實任何時代都是一樣的，只是我活在這時代所以感嘆這時代。我們不要有幻覺，人常常有幻覺，有人說古代是多好多好，但是他怎麼知道呢？因為書上的記載嗎？

佛陀在世常常是佛弟子很嚮往的時代，但是佛陀當時在印度並非受到人人的歡迎，後來佛陀圓寂的時候，六群比丘就很高興：「啊！這老頭終於死了，以後再也沒有人管我們了！」

不管生長在什麼時代，我們生活在這個時代，就尋找這個時代的感覺，把它當成一種修行法門，如果證得一個小乘果位，尋求個人解脫也是可以的。在這時代有一種實感，有一種感嘆，但不必絕望，我們永遠投入。救度眾生，即使鐵輪頂上旋，要取我們性命的時候，也是無所畏懼！

我們對於生命要有實感，而且是從心念最深層處去面對。

我自己雖然沒有什麼成就，但我相信有修行這回事，也知道真正有成就這回事。如果有人能夠把正確的修行方法告訴大家，對這個時代是好的，這時代總需要有點燈的人。這個時代，虛幻的事情太多了，過去的資訊比較不流暢，虛妄可能還比較少，現代的資訊很流暢，許許多多假象時時刻刻地在告訴我們，讓我們感覺到是真的。

所以，釋迦牟尼佛若是來到台北，他講經說法一定輸別人，因為他不會大肆宣傳做廣告。即使如此，一位菩薩行者，在任何時間、任何地點只要有眾生的因緣，他一定都要去教化。

我在當兵的時候很多阿兵哥和長官都跟我學打坐，連醫官都被我弄糊塗了，因為我可以用靜坐的力量控制自己一下沒血壓、一下高血壓。他本來是西醫的崇拜者，最後只好解釋為：「你這情況在西醫來講沒病，但在中醫來講有病。」可見得人的想法隨時都會改變的，只要有機會，我們都應該把握住，把自己認為最好的法、最好的智慧傳給其他眾生。

創造生命最大的價值

我們要創造美麗的未來，對於來生也要有所保證，死後要如何投胎？或許你認為這太超乎尋常了，但是，佛陀的確做到了，我們看他是如何投胎的。

佛陀善觀投生的因緣

要投好胎，先要從胎前教育談起，從佛法來思惟。首先，從佛陀開始講起。就經典上來說，像《修行本起經》上就說：佛陀要降臨人間的時候，要做四種觀察。第一要觀察土地，這個國土這時代適不適合他；第二是觀察父母，他父母是什麼樣的種性；第三和第四是：國家的情形及教化的因緣。

在《方廣大莊嚴經》裡面是說時間、方位、國土、種族，這四種觀察是用人、事、時、地、物來觀察的。這些觀察在不同的經典有不同的記載，像在南傳的經典中說有五種觀察：時機、國土、地方、家庭種性、父母、受孕的因緣，他為什麼要這樣觀察？觀察什麼？這裡是不是有分別心？不是的。最主要的原因是要先了解透過哪些因緣環境下，能使其教化推廣得最好，使一切眾生生命得到最好的昇華，使眾生生命無有煩惱，得到解脫。

佛陀是為了要選擇一個好的因緣，以期能讓我們眾生得到解脫，我們要了解，佛陀已經成佛了，輪迴的事情已經輪不到他身上了，所以說他唯一所期望的就是要我們眾生成佛。

釋迦牟尼在世間成道，不是要成就給我們看，讓我們崇拜他的，而是要我們跟著學，所以在人間成道是很無奈的。我曾寫過一篇文章，不了解的人可能覺得很怪，叫做「無可奈何而成佛」，什麼是無可奈何而成佛？成佛不是一件很高興的事情嗎？我說：「是啊！有成佛代表眾生還沒有成佛，假若大家都是佛，還有什麼佛好成的！」

這樣的說法是為了推廣每一個人都是佛的運動。就像《易經》所講：「群龍無首」，一般人說群龍無首會很亂，我說群鼠無首才會亂，現在是群鼠無首的時代，不是群龍無首，群龍無首是吉啊！每一個人都是大人物，每個人都有當龍首的能力，而且每一個人又都可以幫助別人，包容別人成為龍頭老大，誰要當頭就要當龍頭，形成一個和諧又有能力的團隊，時間因緣變了，就換另一個人當龍頭。

就像球，這也可說是「球的管理哲學」，球往前投出去它會旋轉，每一個點都有可能轉到前面為首，所以這是圓的哲學，球的哲學，是「群龍無首」，每一個都是頭，這是我們期望的，所以佛陀入人間，其實從另外一個角度來看，是很無奈的，因為大家無法是龍啊！要求群龍無首吉，了不可得。所以他成佛的唯一目的是示現給我們看，表演給我們看。

很多菩薩在經典裡面都是徹底犧牲，搏命演出，像彌勒佛就常如此。在《法華經》或《維摩經》裡面，有事沒事就被消遣，維摩詰居士沒事就消遣彌勒說：「你說你被受記，什麼是受記啊？如果本性本是平等平等，大家都清淨平等，你如果說你已受記的話，大家也都一定被受記了，如果是這樣，你又何必講說：『你被受記』？因此你說『你被受記』是妄語，所以你不要跟天人講這些話，講這些是沒用的，是亂講的。」

這真是犧牲大演出。一個未來佛，如果以一個國家而言，可以算是總統候選人了，他還要上一個脫口秀的節目讓主持人消遣。不止這樣，在《法華經》裡面，有一群菩薩從地踴出，彌勒菩薩跟佛陀講：「以前我怎麼從來都不知道有這些菩薩呢？」其實他怎麼會不知道，他不知道怎麼會是彌勒呢？這是表演。總是要有人不知道，總是要有人很笨，才有說法因緣。如果沒有丑角、配角，這戲也不知如何演下去了。彌勒就跟佛陀講：他願意擁護《法華經》，佛陀回答他：「不必了，我們這裡已經有很多人呢！」指的就是那些從地湧出的菩薩。

其實他們都是為了度化眾生而演出。釋迦牟尼佛是最早實施眼睛移植的人，常常挖眼睛布施給人家。舍利佛演出就不太理想，人家跟他要眼睛，他就拿右眼給他，結果人家是要左眼，於是舍利佛又挖自己左眼給他。結果人家嫌他的眼睛不好，隨手一摔就走掉，舍利佛就是這樣才不敢發願修菩薩行的。

佛菩薩的種種示現都是為我們演出，法性是平等平等，而佛陀掌握因緣是要為我們示現，在《法華經》裡面說：「佛以一大事因緣出現於世。」為什麼要出現於世？要為眾生開示悟入佛之知見，就是要眾生成佛的意思。要我們一切都成佛，很多菩薩也跟佛陀一同演出，讓我們感動，投入這個成佛的運動中。

佛陀要準備投胎時有五種觀察，他看到娑婆世界的眾生願力跟他相合，而且這地方的眾生不會太幸福，也不會太痛苦，苦樂適中，這種人適合激勵，這地方適合投胎，於是他就來投胎了。

在二千五百年前整個人類世界文化達到一個顛峰，中國文明在那時候開始走向充滿人文色彩的道路，在印度，他們的文明很恰當的推展到「人間文明和神的文明很難區分」的因緣上，而且他們對整個生命的思惟及宇宙觀的思惟已經達到頂峰。他們觀察世間，產生了兩種極端思惟，一是神我不滅的思想，二是反傳統無因、無果的斷滅思想。這兩種思惟主要是來自：主體性的「我」在時間與空間的永恆性上之觀察。

事實上，這樣的觀念是人類整個文明，甚至到一切未來都會碰到思想圈套，我們如果沒有跳開這樣的邊見思想，沒有進入佛法的智慧，就沒有辦法破除這套輪迴或斷滅思想的操控，因為這是以為主體所展現造就出來的思惟，當印度文明出現這樣的思想文化時，佛陀認為是應該到娑婆世界教化的時候了，這時是最恰當的因緣時節。

而且很多修行人在印度這樣的文化體系中修行，修到這邊無法突破修不上去了，非得有突破性的思想革命才足以進境。因為整個禪定文明的巔峰形成是在印度，整套系統的成形也是在印度，這是一個特殊的時空關係，也是一個很勝妙的因緣。

當時，他們由禪修中達到這樣的境界——認定結合時間的永恆、空間的全體與主體的我，能達到梵我合一的境界，以回到大我、大梵這宇宙創生命的初始力量。其實「大梵」，宇宙第一因的概念在中國文化的系統中也可以推論得到，但是以中國人當時的因緣而言，並無法形成一套強而有力的禪定修行系統，也沒有完整的階次產生，可能因此，佛陀並沒有抉擇中國為他出生之處。

在印度，有很多人定力很好，已經修到世間最高的禪定境界，他們以為接下來就可以證到涅槃了。當時在印度，整個禪定修持到一個很高的水準，也可以說是到了一個瓶頸，佛陀在此地出生是他最恰當的因緣，如果因緣時機未到，佛陀投生那邊可能無法有廣大的度化因緣。

佛陀在人間，為的是要破除當代的迷障，於是他宣說三個根本法要：⑴諸行無常，這是要破除時間性的執著；⑵諸法無我，這是要破除我們空間的執著；⑶涅槃寂靜，則是破除人、我的執著。這三方面的破除對當時的印度修行人是重要的關鍵，因此也就是他投生的最佳時機因緣，於是佛陀就選擇在那個時候投生人間的印度。佛陀已經成就了，但他要度化眾生，就像我們學問夠了，也需要參加相關單位的考試拿到學位。

他選擇時代、國土，再選擇有因有緣的眾生度化，讓他能產生強大的力量容易向外弘法。在種族方面，他選擇比較清淨的，這樣在緣起上才能發揮較大的力量。然後再選擇父母：哪一種種族的父母合適呢？這父母是不是仁慈？母胎適不適合安住？因為母胎是他的曼陀羅，是他安住的地方，所以要選擇。如果佛陀出生於較卑賤的種性，那麼很可能會成為革命家；如果出生在婆羅門家，那麼他一定是個叛教者，這兩者都不合適。佛陀最後選擇剎帝利貴族之種性，因為他是個永恆的改革者，他不流血革命，而是一個思想革命者，是在社會上仍然保持現行的狀況下，由思想上給予更高品質的提昇，所以佛陀選擇貴族種性投胎，以便於從事體制內的改革，這樣中間地位的社會階級比較適合佛法的推廣，因此我們說佛陀是個善觀因緣者。

佛法是最重視時空因緣的，但是我們中國佛教在現代反而是最不注重時空因緣的，佛法是安住在傳統上而不斷超越的，但是現在的佛法卻在傳統之中被傳統蓋住。

現在很多人研究佛經，很多佛教徒在誦經，但是他們並沒有拿經典來解決生命的問題，仍然在煩惱很多問題。誦經對這些人而言，只能產生一種很平和的感覺，研究佛經讀經時，他們很關懷二千五百年前印度的時空環境。很多人讀佛經讀得很好，但是自己卻不重視自己有沒有發心！我們為什麼要替兩千二百年前的印度人操心？為什麼那麼在意二千五百年前的印度人如何生活？我們有沒有認清自己是在何時何地讀這部經的？佛經就在這裡啊！經典的智慧是要指導我們認識當代的世界，這個時代的生命有什麼苦痛、煩惱，這才是我們應關心的。

對生命的實感

真正的修行人，一天二十四小時都是修行的時間，但是很多人只有早課、晚課在修行，其他時間在做什麼不知道！這是不對的。信佛要怎麼信呢？是在佛前背經典、唸咒嗎？佛經裡面都是佛所說的，我們不須把佛所說的話再背一次給他聽，否則有人用中文背、有人用英文誦，另一個人用法文講，佛陀也聽不懂。我們在佛前誦經是誦給自己聽的，不是誦給佛陀聽。

如果我們沒有一種生命的實感，這樣的修行就錯了。修行是在世間修，在佛前誦經只是修行的集訓時間而已，出門面對世事才是真槍實彈的演練。好比一個人，誦完《金剛經》後要出門，他出門時候就想：「如果沒有法拉利的汽車來配合我的身分地位是不可以的！」但是我們看看：佛陀在《金剛經》裡面，一個人拿著鉢到城中去乞食，回來後還要洗腳，沒有把腳提起來用手指彈兩下，運用神通就洗好腳了！如果腳髒了，他也要洗腳，要靜坐時，也是自己敷座而坐，生命就是這樣如實的，而不是誇耀虛榮。

這就是佛法，隨時觀察，如何在適當的因緣下來修行。有些人說：「佛陀那時候沒有電視機，所以我不看電視，佛陀當時沒有吸塵器，所以我也不用。」其實佛陀那時候的掃帚就等於現在的吸塵器，那時候有掃帚是很先進的，既然佛陀也依緣起運用先進的工具，我們也能如此啊！適當的生活對修行是很重要的。

重點在於：我們對平時的生活不貪不執，這就是中道行，就是佛法，就是每天依經典訓練學習。很多人用錯了方法，都把佛法弄死。佛法只有活在我們生命裡面，只有從我們心中真實的活出來，才是真正的佛法。我們就是實踐佛法的人，佛法是從現在到未來永永遠遠不壞的。

佛陀如果生活在現代，他一定會跟我們吃一樣的東西，也會講現代的語言，但是他了知這一切是空是如幻的。他跟我們講這時代的因緣，他在古代是表現那樣子，生活在現代他就重新講這個時代的因緣，所以佛陀最具有時代感，他是永遠掌握時空因緣的。除非是專求解脫的行者，因為這跟解脫並無絕對的關係。

一位學菩薩道的行者要牢牢記住：一個菩薩行者是要從佛法中得取真實的智慧，要善觀整個時代的時空因緣，掌握這時空因緣，領導這時代前進，這才是菩薩。菩薩不是人家做什麼，自己就跟著做什麼，菩薩是主動的，他有智慧、能觀察未來，知道人走向才是最對的，不斷的朝這方向走，他雖然難過，但是不會失望，也不會去強迫別人，修行是要每個眾生自己願意才有用的，他絕對不會用槍逼著你修行。

所以我們要不斷的激勵、不斷的勸導、幫助眾生，而且是以佛法的眼光，對時空因緣有最佳的掌握，以完全開放的心，比別人更快地吸收一切的智慧，並對佛法了悟，安住其中，對空的安住，對一切法的不執著。所以菩薩當學「五明」，五明就是指世間的一切智慧，在一切世間智慧中，我們變成領袖。以大智、大力、大悲為世間作最好的領導，最有力的領導。

佛陀為什麼要選擇種族、家族？因為他要變成一個領袖，成為一個時代的領袖，所以他講的話要有力。如果是一個乞丐要把錢捐出來，結果拿不出半毛錢，如果是一個富翁說：「我死後我的錢要成立一個生命發展基金會，為人類未來美好的發展來研究開發。」這二種情形相較之下，後者當然會比前者有力多了，所以選擇恰當的種族因緣來投生是很重要的。

轉世自在的鑰匙

佛陀他了解時空的因緣，他觀察人間因緣，要讓每一個人享受更好的生活，這是他唯一的目的，我們學習他要有服務、服務再服務的精神，為所有的人服務。用永續經營的心、永遠為生命服務的心來行佛法。

雖然在服務眾生時可能還是會有時代上、技術上的限制，但是他會花很多時間減少這些問題。在一個技術發展的過程中，佛陀在現代，他絕對不會是把餿水油賣給我們的人。佛法就是要訓練我們觀察緣起，總括而言佛法就是一種因緣法，世間如何起、世間如何滅、世間因緣如何相應、如何來掌握這世間，而其根本則在於這世間一切是如幻似空的。

所以說我們常講的「空花佛事」，就是指我們世間是空、是如幻。如果我們能善於觀察緣起，而把惡因惡緣化除掉，如此就能行善因善緣得善果，行正覺因得正覺果。我們要了解生命輪迴流轉的因緣，了解十二緣起的關係，了解無明緣行、行緣識、識緣名色、名色緣六入、六入緣觸、觸緣受、受緣愛、愛緣取、取緣有、有緣生、老、病、死。

這種種因緣，我們要好好的觀察，不是看過去就算了，而是當下就要開始觀察：「我的生命體究竟從哪裡來？」佛陀在菩薩樹下悟道，就是自己觀察自己的生命現象：「我自己的生命現象從何而來？如果我這樣下去，以後怎麼辦？」這是一個很重要的問題。

市面上有很多關於如何開發生命的書，但是許多讀者卻被誤導了，例如一些轉世輪迴的書，其中加入了很多基督教文明的色彩，各個輪迴個案的轉世轉來轉去都是人，佛法裡面的輪迴是各道生命互相轉來轉去的，但是以他們的文化而言，人會轉成動物是不可思議的，這背後也是一種深層意識。還有，他們認為死後剛開始一定是光明的，其實不然。人在死後一剎那之間，有如五八六電腦主動把幾十年歷史全部跑一次，大部份的人都是惶恐、徬徨，驚懼不已，哪有什麼光明？

許多觀察生命輪迴的例子是有問題的，所講的都是輪迴中之事，是跟著輪迴轉的，它本身亦是妄想輪迴。但是我們現在要告訴大家的不是輪迴之事，而是要講轉世自在，這個立場是不一樣的。因為我們的悲心和因緣，所以我們要轉世自在。

事實上，人死後依然是無知的，人死後還是跟生前一樣笨，只是多了鬼通神通而已。就好像現在人電視節目看了一大堆，電腦資訊普及全世界，但是大家有智慧了嗎？只是成為高資訊白痴而已。除非有正確的修行成就，否則人死後就算知道更多，仍然是痛苦輪迴。（關於死亡與轉世自在的方法請參閱本社出版的《關於死亡與轉世之路》一書）

我們要學習掌握因緣，了悟相續的因緣，了解整個生命的因緣，再加強這樣的力量來掌握最好的因緣，從生到死每一剎那都來創造，善巧創造一個新的、高品質生命，創造人間的福份，最後要創造出人間淨土，這才是我們最終的目標。

我們要決定未來自己出生的因緣，發願是最強大的力量。

「願我回到人間的時候，我要在什麼樣的因緣、投胎在什麼樣的人家」，用人、事、時、地、物來觀察，就像佛陀所觀察的一樣，願意在那裡來為眾生服務、幫助一切眾生，但如果是為了自私的目的是沒有用的。發願成就一切眾生來決定出生，用智慧了達一切身心如幻，身心如幻從緣起，所以我們這樣發願的緣起自然能夠圓滿。要具有強力的悲心，悲心是我們根本的動力，智慧就像是駕駛座，藉由悲心才有前進的動力。這動力很強大：「我為一切眾生的圓滿而出生，所以我具有強大的決定力希望生在這個因緣裡，修行禪定，修習各種教法三昧，如此就能善巧抉擇我們的出生因緣，也就能投個好胎。

一位大修行者、自在者，他能夠轉世自在、決定自己的投胎。雖然我們還沒有這種把握，但是我們可以藉由修行，祈求佛菩薩幫助我們來圓滿這個因緣，因為我們是為了淨化人間，為了使眾生能成就而圓滿，這樣的願跟佛菩薩的精神是相合的，所以佛菩薩也能幫助我們的願成就。為了增加我們自在投生的準備，不管是醒著或在夢中都能好好的修持，在人間每一剎那都為投胎作準備，如此就可以圓滿我們的願，投個好胎，在未來做一個最有力量救眾生的人。

希望大家一起投胎，但不是要大家同生同死，一起輪迴，而是要共同發願，共創人間未來福。如果要去極樂世界也是很好，我也很贊成的。但是，如果大家發願夠大的話，也可以邀請阿彌陀佛來投胎！我們現在一起來發願，並生生世世記得自

發願決定掌握自己的未來

己的本願，投胎時要掌握世間各種最重要、適當的因緣契機，讓整個人間的戰爭能平息，沒有野心勃勃的軍事家、政客，也沒有剝削的資本家控制人間，讓整個人間全體淨化，共同昇華。

我們可以依照自己的因緣發願決定自己下輩子要做什麼？主業當然是做一個很好的修行者，副業則是選擇恰當的職業，掌握最好、最恰當的因緣契機來世間弘法，實踐我們的願力。

大家也可以發願當魔王的兒子，把魔君的系統完全瓦解掉，但是其內心一定是個佛子，就好像西藏的六臂大黑天瑪哈嘎啦，他很凶惡，本來是魔神，但觀世音菩薩就跑到他心裡面，把他心佔據了，後來他反而變成觀世音的化身。

發起悲願、掌握這因緣，如此就可以共創美好未來。要共創人間淨土的理想不是想像的，而是要真正去研究，看看未來人間需要什麼呢？把政治、社會、經濟、環保、宗教、文化、藝術各方面都統攝，並提出創先的理想、路向。

我在大學時代是學經濟的，學經濟對我有什麼幫助？它對我的幫助很大，我創造出一個「生命經濟學」：以最小的投入，得到生命價值最大的產出。這樣的生命不就更廣大了嗎？我們還要提倡生命服務業的觀念，永續不斷服務眾生，永遠服務到眾生成佛為止的生命服務業。我們可以組織以下的服務公司：佛陀是董事長，觀世音是亞洲地區的總裁，而我們自己是底下的營業員，佛經是我的產品說明書。看起來雖然是很輕鬆，但是很深入時代的。

許多事物的變化是有因有緣的，我們要善觀因緣，才能進一步掌握它。例如：現在僧服的式樣是我們古代中國的衣服，並不是佛陀時代出家人的衣服。在印度佛陀當時出家人是穿袒右肩式的衣服，但是穿這樣的衣服在中國古代有妨礙風化之嫌，所以才改變成中國式的僧服。這是時空因緣的關係，所以每個時代的因緣我們都要掌握好，在當代提出最有力的智慧、更好的力量，根本上從佛法的悲心和智慧開始，掌握時空的因緣，來提出有效的策略幫助眾生，這是佛法，最了不起的佛法。有效策略來幫助大家發展生命、成長生命，而我們自己本身也不斷的修行。

要創造未來的幸福，就是要善觀緣起，進而掌握當代時空的因緣，領導時代的前進、進化。但是要注意的是，不要幻想世外的桃花源，桃花源絕對不是外在的，而是內心的。

世外桃源，或是老子所講的：「小國寡民、雞犬相聞、老死不相往來。」這種時代已經過去了，我們不必再去幻想了。常常活在想法、幻想裡，是無法如實地面對現在的。正確的做法，應該是接受現在、改善現在，趁活著的時候，努力把我們生存的地球建立成一個極樂世界。

我們要感恩，可以聽到佛法，使生命從煩惱中解脫，因此要發起更廣大的心來幫助其他生命。極樂世界淨土，阿彌陀佛建立淨土的努力，以及極樂世界的種種莊嚴都可以成為他們的典範，我們依此來建立人間淨土，共創人間未來的福份。

建構未來淨土

我們總是希望自己的生活環境更好，我們每天努力辛苦經營，無非是想創造美麗的家園，甚至擴大到建立淨土的人間。

如果我們為自己打造了一個很美麗的家園，但是整個大環境沒有改變，甚至每況愈下，那也是惘然，所以大家攜手建立淨土人間，是勢在必行的。

其實，淨土人間也是佛經中的未來計畫。在《法華經》中說：佛出世人間，乃為一大事因緣。這一大事因緣就是開示眾生悟入佛之知見，也就是為眾生開啟正覺之路，尤其是為人間啟發淨土的因緣，為淨土人間作努力。其實，就佛陀而言，他對未來並沒有決斷的意見，也沒有必然要怎樣的想望、意圖；然而，他對未來會有一種很合理的期望，這種期望本身與一般世間人的期待不一樣，是安住在願力當中所生起的期望。

一般世間人的期望多是「我要這樣」、「我希望那樣」……若世間因緣沒有隨順這希望，就會生氣，覺得別人不上道。說好聽一點可說是為了理想無法達到而生氣。如此一來有些人積極點，仍舊不斷努力，若是依然無效也就算了；有些人則浮海泛舟，從此不問世事；而有些人則如民初學者王國維一樣，憂國憂民，最後痛心的自殺，因為自殺已是他生命中最好的抉擇，不然他無法活下去。不管如何，以上的情形都並非很理想的。

有的人就會自己歎歎氣，假裝很了不起。就像現在有些政治人物整天為自己的利益在打拚，卻說是在為了爭取全國人民的利益。當然，他們亦非聖人，為自己打拚也是正常的，只要透明化讓人民能監督就好。民主政治絕對不是聖人政治，若希望選出來的人是聖人，這是沒有智慧的，但若是失去監督的智慧，則是我們的過失。

很多人為了自己的想法、欲望，而把外在包裝的很美麗，內心卻是貪、瞋、痴、慢、疑，當他們的欲望無法完成時便產生憤怒，這些人都是相信自己的希望是必然的、把未來當作實在不變的人，在佛法中把這些人視之為一群顛倒夢想的人。

佛法對未來理想世界的看法

佛法中的期望是完全不同的，所以佛經中的未來計畫、未來觀望，是基於有願無望的心上建立的。我們希望世界成為淨土，透過智慧、悲心構築了一個美麗的未來理想世界。

透過悲心與智慧來打造未來美麗的理想世界

雖然，經典告訴我們，過去、現在、未來三世一切都是如幻的。過去如幻、現在如幻、未來也是如幻，但是因為眾生迷惘不知自身的虛幻、顛倒夢想，所以這如幻的世間對眾生而言是苦痛的。

在這樣的狀況下，如果我們能夠學習安住在這種如幻的境界中，就自然具足力量能夠幫助更多的人，使大家能安住在更圓滿、更莊嚴的世界，解決痛苦、遠離痛苦得致安樂。

因此，我們要學習佛經中菩薩的行徑、期望與願景，他們的祈願是永恆相續不斷的，會結合其生活型態、根本因緣而構築出來。

經典中記載，通常菩薩行者有兩種根本的願，一是圓滿眾生成佛的願望，一是莊嚴一切諸佛淨土的願望。

當因緣條件不能照著個人所期望的圓成時，一位菩薩行者他會如何做呢？一般人比較好的反應是失望，或者乾脆不做了；可是一位菩薩行者，雖然期望世界是如何如何，但若是無法達成，他也會接受的，而且他還會繼續用他無窮的生命來圓滿，這是菩薩行者的特質。所以，一位菩薩行者是打死不退的，就算被切成一片一片、磨成醬末也是不退的，甚至說不定還因而發願，將自身碎成千百億化身，碰到誰就圓滿誰。我曾對此有感受，這是無比真實境界。

我在大學時代，深受經典中佛菩薩這種偉大精神的影響，心嚮往之，但不能得證。於是我只好一天到晚學著發願。以前高中時根本不敢發願，怕發了願做不到，曾經為此感到很痛苦，想發願又不敢發願，每天在心中糾纏。直到大學才了解：一切性空如幻。所以菩薩行者的願常有「以無窮的生命來救度無量之眾生」。但是又想到人是無法去保證什麼的，雖發了願，卻無法時時刻刻保證做得到。

現在自己雖有正覺，可以在理性正確主觀意識之下控制自己的身心性命往正道而行，但畢竟不可能隨時隨地都這樣，我們有時會不大清楚，甚而也許有一天會墮入魔道，其實這時候就可以發願；希望能統領一切魔軍護持正法，使一切魔眾對佛法不起任何魔障。這讓我想起嘛哈嘎啦——六臂大黑天，他手持各種武器，非常凶悍威猛，腳踏死屍，就像黑社會老大，使一切魔眾降伏。

大學時期，我常看著天上的星星，心中有很深的感觸，不知不覺掉下眼淚來。在某些因緣中，希望如果此身碎為微塵，微塵復為微微塵，無量無量的微微塵，遍滿十方三世一切世界，所有眾生一碰到此微微塵，都使之安住在菩提道中得到圓滿。

在如幻中發起救度一切眾生的心願，然而卻不會因為發這樣的願結果無法做到，或做得不圓滿，就因而退墮，絕對不會的！因為了知如幻，而雖然了知一切如幻，但菩薩永遠要完成這空華佛事、永遠要實踐大願，即使百千萬億無量無量時劫也永不退轉。而這樣的境界是從無緣中生起大悲心的，也因此才能千變萬化。

另一種狀況是，若能圓滿成這些境界，他本身於他的本願是不即不離的，對於這境界也是不即不離的，但他永遠一定要這樣去實踐。這是佛經中諸佛菩薩對未來理想世界的看法、計畫及特質。

用現代語言來說就是：佛菩薩永遠掌握任何有效條件、任何有效因緣，領導這時代去達到最圓滿的境界，這是不斷去進行的，對因緣不具足而未能達到圓滿，他永不絕望，而他達到最圓滿的境界時，他永不執著。

在佛經中對未來的計畫就是人間淨土的完全圓滿。一切生命皆具足圓滿廣大的悲心與智慧，成就佛果。並使人間成為淨土。這個過程是淨土人間而非人間淨土；人間淨土是我們努力的結果，淨土人間則是我們努力的過程，是每一位學習菩薩的行者所要推廣的運動！佛經中不斷的授記某某人將來成佛，就是要我們圓滿淨土人間，而淨土人間的圓滿就是人間淨土的現立。所有的行動從現在開始！

要開始實踐淨土人間，首先對經典中許多見地要清楚明白。

未來淨土的預告——授記

佛經中常記載某位佛陀為某人、某菩薩授記成佛的情形，透過授記的預示，讓我們能先感受到未來世界因某位佛陀的出現而成為淨土，而所謂大同世界、人間淨土的成立也因此成為可能。所以授記的意義就成了未來淨土的預告，亦是人間淨土的預告。

授記又寫做受記，這是平常通用的，就一名詞而言有主體、接受體的分別。授記是指佛陀授記給某人，偏重在佛陀給予你的這一面。但現在常混在一起，也有作「受記」，這是偏重在接受佛的印可這一面。

「授記」本是區別、分析及發展的意思，原是經典的一種形式。佛教原始經典的分類有分為十二部經、九分教等方式，其中屬於能分別、區別、能分析、能發展的這一類經典就叫「記」、「授記」。這類經典教說較為特別，是用分析、問答體的方式來解說教義，後來擴大轉化其意思，而轉成弟子證得的境界，或死後將來善惡業報、往生處的預言，後來更轉為專指未來世證果以及成佛的預言。

在經典中佛陀示現了為弟子預見未來的神通，這神通本身是安立在天眼明之上。天眼通是能現觀未來境界。

佛陀在講四種授記時，是在智慧中宣說的，是「天眼明」不是「天眼通」。而大阿羅漢也是「明」，不過佛陀與之比起來則是「達」——通達一切法界萬相。「明」是明了因緣條件、緣起。

佛法一方面是密合世間的情欲而定，另一方面卻是要超越世間的情欲，而非隨順世間的情欲。隨順世間情欲，要得神通很容易，因為魔得其便。《楞嚴經》中說的五十種陰魔隨時等著，讓你自覺了不起。

因此，沒有空性、沒有如幻、沒有智慧、沒有悲心、沒有定力，就不要妄求擁有那些能力。佛陀是為了方便，所以用授記這種種神通境界來救度眾生。

授記的類別

一般提到授記皆說有四種授記，其實授記的分類可分好幾種。

有些是以人的差別而言，有未發心而授記以及已發心而授記。什麼是未發心而授記？佛陀看到某人雖然還沒發心，但很努力，很想求大法，必然會發心，所以予以授記。就像考試雖還沒考上，但你很用心，所以預記你一定考得上。而已發心授記就是你已考上台大，他再頒發入學證書給你。

另一種分法是現前授記、不現前授記。現在授記是當面頒獎——你已發心，給你授記。不現前授記則是你人不在時跟別人說，你已發心，將來一定成佛。如果你回來聽人說起這件事，跑去問佛陀是否有這回事，佛陀就會說：沒這回事，你還早呢！佛陀為什麼不告訴你呢？因為怕你聽了就神氣起來，反而害了你。

另外還有一種分法是以時間差別而分。

亦即有的授記是有數時的——你再過多久時會圓滿成佛；一種則是無數時——在無量阿僧祇劫後，你會成佛。前者是定時，是明確說出何時你會成佛；後者是無確切的時間。

《大日經》中也有提到二種授記，一是完全的授記，一是不完全的授記。完全的授記是無餘記；無餘記就是授記成佛，不完全授記是有餘記，有餘記就是授記你成為佛之外的有餘果位。

而我們現在說的四種授記主要是出自《首楞嚴三昧經》。在《首楞嚴三昧經》中記載有佛陀的淨土——一燈明佛土，這是釋迦牟尼佛本昔淨土所在。而文殊菩薩是三世佛——過去已成佛、現在在他方世界也是佛陀、未來還要成佛。為什麼在有些地方示現成佛，有些地方又示現未成佛呢？這是《首楞嚴三昧經》的威力，《首楞嚴三昧經》是一部很重要的經典。《首楞嚴三昧經》講說的是果位，而《楞嚴經》講說的是因位。《首楞嚴三昧經》是佛的三昧、十地菩薩道果的三昧，與海印三昧、金剛三昧同等地位。

在《首楞嚴三昧經》提到的授記有四：一種是未發心而授記；第二種是已發心而授記；第三種是秘密授記；第四是現前授記，其實與前述幾種授記的意義是相同的。

「未發心授記」其義與前同，而就更根本意義而言，十方一切眾生都已同受佛陀授記——必定成佛！

「必定成佛」是指只要我們還沒成佛，都要也都會繼續往成佛的路上，所以有一天一定要成佛！這好像有點無賴，不過成佛的路上有時也要無賴一下。像陳健民上師就常發所謂「九無死願」，就是：某某願，如果不能成就這個願就不入涅槃。我們發願雖不一定能圓滿，但有時也要發一下這種無賴願，像：「我不度盡一切眾生成佛，誓不死。」本來應該要死了，結果閻王看你發這樣的願多少還有點威力在，所以遲疑一下，也許又可以多活好幾十年了，又可多修行些時日了。等真正整個身體已老朽，不堪再用時再走，這不是很好嗎！

「秘密授記」就是前面提過的「不現前授記」。現在授記就是當面授記。

授記內容是什麼？這內容包括了：成佛時外在的國土狀況如何、成佛時佛名叫什麼名、因緣時節是如何、那時代叫什麼時代（劫名）、眷屬及與你一起修行的菩薩眾是何名，正法存續多久……等，這就是授記的六個內容；其實也就代表了佛教的世界觀。例如：佛陀授記你未來要成佛，成佛時你的世界叫無量光明海世界，佛名叫一切具足功德，時劫劫名為寶莊嚴劫，你的眷屬有某某菩薩，一共有恆河沙數那麼多，你的教化使百千萬億眾生都得以成就，正法可存續三百阿僧祇劫……。

其實我們未來世界也可比照這樣來設計。總而言之，一般經典中的授記，就是人、事、時、地、物的授記，如：《悲華經》、《法華經》……等經典，都是這樣授記的。而這些授記就是要建構一個圓滿的未來世界，讓每個人了解每個人的發心、作用、成果，來共同建立未來的圓滿世界。

授記的意義

從更深層來看，授記即是最深層的悲心，是對生命永恆的信心，與對生命永不滅失的希望！我們不要只從世間的角度來看授記，而要更深一層來看。佛陀對一切眾生的施予授記，就是他對生命永不止息的信心，認為「你一定會圓滿成佛！」因此，「授記」本身，不論是對你或對他人授記，這本身就是有緣起作用。佛陀的心已參與你的心識，已在你的心意識中種下金剛種子。佛陀為我們種下讓你成佛的金剛種子，因緣時節到了，金剛種子就發芽、長大、成熟。

所以，授記就另一層意義而言就是灌頂——秘密灌頂，使我們的金剛種性顯揚。我們在短時間裡，雖覺得人生總是起起伏伏、我們總是有很多的貪、瞋、痴、慢、疑，這世界就是五濁惡世，但不管再多罪惡的眾生、多困難的環境，無論如何，這困難的環境都會成為淨土、再罪惡的眾生都將會圓滿成佛！

像佛陀授記未來世界有一尊佛叫天王佛，這位佛陀的過去生就是提婆達多，他就是佛陀在世時常要加害佛陀的人。他曾用醉象、推落大石等等方法加害佛陀，因而生生世世都下地獄。

可是像提婆達多這樣惡性的眾生，佛陀都授記他必將成佛，這是對生命多大的信心啊！提婆達多代表久遠以來一個罪惡眾生都可以成就的例子。

另外，如央掘摩羅，他雖不似提婆達多那麼長遠時間才成佛，但他也是殺人無數的惡人，最後也是成就了。

由此可看到佛經在實務上，在因緣中有深厚的信心，為眾生種下善因，使廣大眾生成就。

如果某甲欲加害一群人，在這一群人中的乙知道了這件事，他雖受菩薩戒但因情勢急迫，他只好先殺了甲，否則無法救大家。這是乙必須做的，否則是犯菩薩根本戒——不救眾生；當然，殺了甲也是犯戒——殺生之戒。可是這兩者權輕之下，對菩薩而言，前者的意義大於後者。因為人世間很多事情無法十全十美，很多是不圓滿的，沒有辦法樣樣兼顧，因此我們必須作決斷取捨，在這些決斷中，我們要超越不圓滿處，必須要有強烈的悲心去承受不圓滿的後果，而一心救度眾生。

未來是要授記的，我想我們在此是要受一切諸佛的授記，而我們只有學習修行來具足這因緣。

在經典中記載，有些佛陀在過去已成就入滅，但在因緣時節到時會忽然現前來給我們印證。最有名的就是《法華經》中的多寶佛。多寶佛過去曾發願：未來世界中只要有人宣說《妙法蓮華經》，他就要現身來予以作證。

所以，當釋迦牟尼佛在講《妙法蓮華經》時，從地踴出多寶佛塔，這是從過去經過時空旅行在一剎那間來到現世，為佛陀作證。

多寶佛在過去已入滅，這時他又起來在佛塔中說：「你說得太好了！趕快講！趕快講！我要聽《妙法蓮華經》！我來證明你所言不虛！」結果多寶佛塔開了，展現他為願力而來印證的真實義，並讓半座給釋迦牟尼佛坐。這就是後來有名的二佛並坐。

計劃各種未來圓滿的因緣，然後我們去成就這些因緣，希望諸佛來給我們授記，乃至過去佛突然從虛空中現身來予以我們授記：「你必然成佛！」以增長我們的力量，建構未來圓滿的世界！現在諸佛來為我們授記，大家感覺到了嗎？

學習佛法不壞世間的發展

古代期待聖王之治，但若非聖王而是惡王的話，百姓就慘了；而現在是民主時代，強調選賢與能，可是真的能選賢與能嗎？既然選擇政治做為職業，一定是自賣自誇。如：有次選舉兩派人馬就對「辯論」有兩種論調。甲方攻擊乙方是「巧言令色鮮矣仁！」乙方反擊甲說：「你沒法辯論，代表你的邏輯能力、語言能力不足，無法做個好的政治人物。」事實上，這兩者都有很多反證可以反駁證明。

有些人雖不善言辭，卻頭腦超強、邏輯清晰，書寫得一級棒。書寫得好的人不一定會演講，啞者不一定是愚者。有些言詞犀利，口若懸河說了半天，熱情過了就沒了，所以名嘴未必是明智，但不會講話也不一定就是忠厚老實的好人。再者，有的選民對候選人會深入地去理解，然後才去投他一票，但也有人因為候選人長得帥就投他一票的，所以民主投票中間有許多問題存在，不過沒關係，這都是因緣發展。

佛法絕不是與世間法衝突的，佛法是要超越世法來融攝世法的。因而我們在建立未來計畫時，絕對要不壞世間。千萬不要以為是在革命，要把現有的全部推翻，來建立一佛教王國，這是荒謬的。佛教是王國嗎？眾生體性都是佛，佛教是平等的。就像釋迦文佛所謂的和合僧團，除了僧團之間的和合外，另一種很重要的特色即是佛陀說的：「我不領眾。」意即：我不是大眾的首領、不是大眾的控制者，而是大眾的一份子；但是大家尊重他，因為他是導師。

我常用一簡單比喻來講，假如一群人大家投票表決，只有佛陀一個人要吃紅豆，其他人都決定要吃綠豆，那麼最後一定是吃綠豆。總之，佛陀在生活上是會隨順大家，但是在教育上他是老師，畢竟修行是不能用投票來表決的。所以，真正的佛法是很合理且很平等、民主的，真正的民主是尊重智慧的。

在佛法中從來就不曾相信光靠任何制度可使人安居樂業，而是人能安住在某種制度下，這制度又相應於人，兩者相互安立、配合才能創造美滿世界。

我們要學習菩薩不壞世間，接受這世間的發展，掌握時空因緣，不斷推陳出新、不斷創造未來世界，同時又接受任何世間現有的情況。

不壞世間是菩薩行者的根本願力，所以推動的是眾生成佛的願，與莊嚴佛國的願。有些人說：「等我成佛了再來度眾生成佛。」這是行不通的。因為眾生是我們的福田、道場。應該努力讓每個眾生都茁壯成長，雖然結果不一定是最圓滿的佛果，但總是有生產力，然後才有錢財、有福德、功德去成就佛果。若是整天躲在家中不事生產，期待突然有一天變成有錢，也就是萬德莊嚴的佛，那是妄想！沒這回事！絕對沒有不度眾生的佛，只有在度眾生的過程中才能成佛！

「等我成佛才度眾生」這不但邏輯不通，而且其中可能還有一個上下、你我對立的看法，隱含「我在上面、我來救你！」的錯謬。事實上是我們大家都在下面，快淹死了，只不過大家推來推去，「你上去！你上去！」互相幫忙而已。因此不要一學佛就認為自己高高在上。有些人一學佛後，看到爸媽常吵架，就說「你們成天吵架會下地獄啊！罪惡啊！」看到這種情形不由得想到「人成即佛成，是名真現實」的話，自己都不孝順父母，連人都沒做好，怎麼能成佛呢？

一個菩薩行者不斷發起願眾生成佛、願清淨國土的誓願，要把現前世間成為淨土，更是救度現前眾生成佛。根據佛經所言，要建立一個淨土，需要菩薩行者來推動，因此我深深感到這個時代需要善財童子。

成為時代中的善財童子

誰是這時代的善財童子呢？我們肯不肯為之？善財童子要廣學多聞！「廣學多聞」與現代佛教之趨向似乎不大一樣，現在往往有人說不要讀太多佛經，也不要讀佛教史，否則會對佛教失去信心。例如十七、八年前我要倡印藏經——國譯一切經，這是日本很好的一套藏經，當時我的一位佛學老師就說：中國佛經已經那麼多了，還要印外國佛經？看那麼多沒有用，這些錢不要用來印經，可以作別的用途。

現代有些佛教徒充滿了反智慧論者，顯然比起兩千五百年前的佛教還落後幾千年，佛陀當時可是很開放的。

我們學東西時千萬別被枝節纏縛住而忘記主體，本末要分清楚。尤其是學習當一個菩薩行者，佛法要學習，其他世間的知識也都是要學習的，因為眾生有各種不同的煩惱，所以要學習各種善巧方便。

有些人自認是菩薩行者，是大乘行人，今天如果有一位非洲人來向他請法，咭咭了半天，他完全聽不懂，於是就很生氣的把那外國人趕走了。

從這樣的反應來看，我們可以了解他背後的心態。其實聽不懂是自己能力不圓具，作出生氣的反應就是悲心不足，不是菩薩行者的正行，只是樣子裝得很像大乘行人罷了。若能說：「對不起！我聽不懂，或許下輩子去非洲和你一起研究！」這樣是否好一些呢？

一位真正的菩薩行者當學習五明，五明相當於現在一切學問的意思，而不是只有五種（因明、工巧明、醫方明、內明、語言明）學問可學。像善財童子參訪的對象中有科學家、數學家、藝術家、語言學家、建築師、商人，也有政治家、有極權統治者（不過那是悲心很大的人）、也有全部民主的，各類各行的人都有、任何地方的人都有。甚至還有妓院，就像跑到華西街的特種營業場所，在那裡使她們安住免於被黑道迫害，並且在善巧方便下度化他們。總之，身為菩薩行者，任何地方需要他他都會去，而且修學一切法門來面對各類眾生。

有人主張：只念一句阿彌陀佛就好，其他經典都不必看，這樣的方式是很好，但我們想想：阿彌陀佛是這樣而成佛的嗎？阿彌陀佛是真正了不起的，我們若是要學習他，有兩條路行。

第一條是發願往生阿彌陀佛淨土去留學，在那兒我們可以學習建築，學著如何建築淨土。因為阿彌陀佛的建築是宇宙第一的。佛典上記載，阿彌陀佛參考了二百一十億個國土，將這些國土的建築特色精華全部輸入他的中央電腦，然後建築出他的極樂世界。那個世界有最先進的設備，像只要阿彌陀佛打坐就自然放光，不必能源，而如果你在蓮苞中，還有最先進的虛擬實相，不必戴頭盔、手套，就能感觸到阿彌陀佛現立在前對你教學。

極樂世界並非每一個人隨意想去就能到達，因為那裡是淨土不是穢土，即使阿彌陀佛法門簡易廣大，但仍是需要具備清淨的條件才可去，因此在極樂世界中也怕污染的「意念」感染，意念也是一種傳染病，是屬於腦波干擾，所以如果有人在往生時，差臨門一腳，未能圓具清淨條件，就得在淨土蓮苞中一天到晚念佛、念法、念僧，不斷修行，直到清淨才能花開見佛悟無生。

極樂世界的每個地方都是平坦的，所以絕對不會有山難，洗澡時水會隨著我身體的高度而自動調整升降，上廁所時地自動裂開，上完又復合如初。極樂世界就是這麼先進，是身心合一的世界。因此，我們可以發願去那邊留學，學習整套精神，再帶回娑婆世界——迴向娑婆度有情。

第二種方式是：不去極樂世界，但是函授學習。每天讀佛經、打坐，請阿彌陀佛用函授教學，課業學到某種程度時就運用阿彌陀佛的教法來將這娑婆世界也建設成淨土，而將功德迴向給極樂世界，極樂世界也與人間淨土相映相攝，重重無盡。

同樣的，東方妙喜世界、藥師琉璃光如來的淨琉璃世界，南方寶生佛世界……等等每一個佛國世界，我們都可以用這兩種方式，不斷地學習其精華。

目前這個世界、這個國土雖然不盡人意，但對我們有恩德，所以我們要報恩，即使要往生極樂世界，也應以現在圓滿的心來報此恩德。因此，一位好的淨土行人在未往生前，會將此土觀想成淨土。而除了觀想之外，還會不斷迴向，讓每個人心開意解，並不斷做些圓滿的事使這個世間善法增長，例如多倡印經典，以勸大家建立這個人間淨土。這就是善巧的菩薩行者。

圓成淨土的行動

因此，我們要建立莊嚴的淨土，而我們自身就是現代的善財童子，其他人則都是佛陀。佛陀在過去已圓滿圓寂，現在是地藏王菩薩的教化，就是彌勒佛下生。我以前常期待「迎得彌勒下天來」，讓彌勒菩薩趕快從兜率天下生到人間。經典中曾經提到彌勒菩薩被授記當在要五十六億七千萬年後才會到人間來，那時每個人的壽命平均有八萬歲，那麼長壽。我一直認為若是我們能打破這樣的授記，讓彌勒菩薩提前來到人間，就太好了。

但彌勒菩薩要到人間需要幾個條件配合才行，人間不能像現在這樣混亂，要世界和平、大同世界時他才會下生人間，這是他的因緣、他的願力功德。因此一位菩薩行者要努力使這個世界善法增上，讓這個世界早日能夠圓滿，那時也就是彌勒龍華三會之日，因此彌勒下生的時節因緣端賴菩薩行者主動的來推動。

我們生活在人間，就要把人間視為成佛道場，也當作三世十方圓轉的曼陀羅（壇城）。雖然世間有許多不圓滿之處，但我們智慧越深，也就越能觀照出這個世間其實是清淨，與法性平等的，畢竟清淨圓滿，其實也就是釋迦牟尼佛的靈山淨土。

我們的心是曼陀羅、身是曼陀羅、外境也是曼陀羅。我們的發心就像胎藏界。胎藏界的淨土是中台八葉院；胎藏界的壇城是同心圓向外擴張，是發心直接向外散發出去。而在金剛九會是指在緣起上的轉動力。

所以，胎藏發心是同心圓成，每一個的心都是核心，是沒有圓心的圓心，每個人都是宇宙的圓心。宇宙無量無邊，則何處是圓心？沒有圓心，所以發心的地方就是圓心！因而，我是圓心、你是圓心、他是圓心，這才是宇宙的實相。法性平等，但要有緣起上的行動——我們現在發心，我們的心就是胎藏中心，我們要以自己來轉動這世界，使它成就清淨。

第二，金剛界的意義，我們在人世間緣起上修行，要圓轉成佛，要以意念來攝取三世十方的功德，來轉動、幫助這個世界使它成就，這就是莊嚴淨土善巧行。

如此一來我們會有什麼樣的覺受呢？我們在人間行動，而我們所看到的每個人都是淨土的菩薩。例如：我們可以把公司的老闆想成阿彌陀佛或藥師佛；回到家中長輩是阿彌陀佛，晚輩即是菩薩眷屬，所以在在處處都是金剛九會中的一會。

其實金剛九會每個會就是一個壇城，就是以毘盧遮那佛為中心，毘盧遮那佛在每一個世界裡面轉動，這個意義需要了知，就像在家中，這個家就是一個曼陀羅、一個會；到了公司又是一個會；到學校也是一個會，每個地方都是一個完整的壇城，然後全部就構築成一大壇城，以娑婆世界為中心轉動整個大法界。

而這一切的轉動以心輪為中心、以胎藏為中心來現起，這是必然思惟清楚的。我們的行動就是淨土的行動！我們現在就是有個決定的心願——要圓滿成就這個世間；我們有決定的信心：我們信佛法、信我們的心是清淨的，信佛法是清淨的，信佛陀是成就的，信這世間是可以圓滿成就的。我們有決定的願：願生生世世都要加入建立人間成為淨土的行列，我現在開始行動，永不退轉這個願。我們有決定的行：我們從這一念開始、從當下開始，以我的時空因緣為圓心，開始轉動！

譬如我現在在說法，就以我為中心，大家是十方諸佛都來聽聞我所說，所以我要好好的說。而在其他因緣中，例如回到家中，家中父母就是主尊，我們是眷屬，整個家庭是淨土。睡覺時，自己就是主尊，意識中的心是主尊，八識田就是淨土。醒覺時，到了上班工作的公司，老闆就是主尊。大家都是佛菩薩。吃的飯是天廚妙味，喝的水也都成了甘露法水。我們就是要這樣轉動，這就是淨土行動。

在這淨土行動中，我們不斷轉動、不斷學習、再學習，以四弘誓願不斷實踐——眾生無邊誓願度，煩惱無盡誓願斷，法門無量誓願學，佛道無上誓願成，這也是如幻的。我們了知煩惱是如幻的，了知它的清淨性，但是因為如幻，所以，為了一切眾生，我們不斷善巧修行，學習一切善法，緣起中的善法都要學習。時代進步到哪裡，哪一個階段的東西就要學習，而且還要比它更進前，更能掌握到世間所有的因緣。甚至可預定下次要投胎時，投胎做個美國總統（如果那時美國仍握有世界絕大部分資源的話），做個好的政治家，把《華嚴經》用來做為治國的教科書。

每個菩薩行者在自己的因緣下去成就自己的圓心曼陀羅，

一個一個扣起來就是華嚴世界海，我們自己就是顆摩尼寶珠。每個人都是摩尼寶珠，一個小區域團體也是個摩尼寶珠，整個世界也是個摩尼寶珠。珠珠相映照，永遠也沒有大也沒有小。珠珠互相映攝，整個世界就是這樣圓滿成就，三世十方同時現起，這就是華嚴世界海！

自我決定受記

我們在這樣莊嚴淨土善巧行之後，大家可在此成就，自我決定受記。《華嚴經》〈世間品〉，有十種自知自我決受記的方法：

佛子啊！菩薩摩訶薩有十種接受未來必將成佛印記的法門。菩薩以此而了知自己蒙受受記。是哪十種呢？就是：一、以殊勝心發起菩提心，所以自知受記。想想看，自己有沒有以殊勝的心發起菩提心？如果有！那就已經墮入佛數，已經受記，決定成佛了。

第二種自知受記的法門是永遠不厭倦捨離各種菩薩行，所以自知受記。即使半夜醒來，依然以菩薩行為一心職志。

第三種是：能安住一切的時劫行菩薩行，所以自知受記。現在的發心在未來時間中，或是在任何地方，不論是否被切成碎片，我們還是發菩提心，下地獄還是發菩提心，頭顱碎裂成千百億分還是行菩薩行。這也就可以自知受記，通過了。

第四種是：能修一切佛法，所以自知受記。就像說別人叫我們不要看經，因為對佛法的淨信，我們還是會繼續讀佛經。

第五種：深信諸佛教誨，從不懷疑，所以自知受記。這是信受一切諸佛所說絕對是真實的，決定無任何疑惑。

第六種：凡修行的善根無不成就，所以自知受記。

第七種：能安置所有眾生於諸佛菩提，所以自知受記。這點是可以決定確實的，反正我們有無窮的生命，所以雖有無量無邊的眾生，我們也可以無窮的生命來安置他們於菩提道上

第八種：自身和一切善知識和合無二，所以自知受記。

第九種：能視一切善知識與佛二無，所以自知受記。

第十種：恆常勤加守護菩提本願，所以自知受記。就是這十種。我們可以自己檢測看看，若是有，就一定能受記成佛。而其中發菩提願行菩薩行就排在第一、二個，所以我們要善巧行菩薩行。

第四章

·實現未來的清淨世界·

實現身心與境的圓滿

我們要建設未來你我幸福的世界，當然，我們要具足身心的幸福圓滿，有了理想的心，理想圓滿的身體當然不可或缺，我們自己的身心圓滿了，如果外在環境還是亂糟糟，那就不是未來的圓滿世界了。所以幸福是你我的自心、身體與外境都圓滿的未來世界。

以不執著的心學習一切

想要獲得理想圓滿的自身以及外境，經常是要以清淨的心去學習。但是我們要了解：「知識的內容即有限，知識的存有即非周遍」這是什麼意思？我們勤學一切世間知識，同時學習一切教法，要特別注意的是我們學習的心，這學習一切背後的心是空寂、是如幻的心、是不執著的心。因為如果仍然一以自我用執著的心去吸收知識、諸法，以為知識本身為真實存有，我們就會墮入一個現象。

我們一執著知識內容，就被知識控制住了，我們的心又開始執著，不能安住在如幻、空的境界來學習，那麼知此即失彼。

我們要了解所謂知識的存有，也正代表它對於非存有部分的無知，知此即失彼，知識的確立也正代表畫地自設，所以知識的存有就是有執著點而無法普遍周延。這樣的說法是否有反智的趨向？完全沒有，因為我們要學習，當然要學習最透徹最超越的東西，所以我們也是要以了解知識的如幻、性空，才能真正學習。

最能夠安住在如幻、性空的心當然首推佛陀了，經典中就提過，如來的智慧是一切菩薩共聚互相論議無量時劫也不能了知的。而《地藏菩薩本願經》中也記載：十方地藏菩薩無量無數，除了諸佛之外，一切菩薩眾無能知其數者。為什麼？因為所有知識內容、知識存有、知識思惟本身都是相對性的、次第性的，知識次第產生時，我們已脫離了全體而與知識之間成為主客對待，這是很有意思的。

再以無限的概念來說，∞是無限。可是，無限是什麼呢？無限是什麼意思呢？如果它是無限，那麼我們能不能作意揣測它？無限加一個我還是等於無限，這有沒有意義？所以，十方地藏菩薩無量無數地出現，如果像十地以上如文殊菩薩的大菩薩來計量，他一秒鐘可計算的比現在超級大電腦還多一千億倍的量，速度更快，但是這速度有沒有限度？有！因為他是用算的。文殊去計算地藏的數量，結果也是無法窮究了知其數。

如果誤以為就是這樣一個固定的東西，而這東西叫「無限」。我們思惟一下，「無限」本身是封閉亦或開放的？若是封閉，能稱為無限嗎？因此，假若以為佛陀有個「無限」知識可以計算，所有菩薩眾就開始一直研究，結果等他們所有的電腦都不堪負荷爆炸光了，佛陀還是無限！為什麼會這樣呢？因為佛陀是無念！只有無念才能具一切念，才能圓滿，才叫清淨。我們可以試著用以下的方法，來了解一下佛陀的智慧。

大家可以試試看，在前後左右各放一面鏡子，我們站在中間，到底有多少個我？雖然算不出來有多少個影像，但是全部在鏡中，看到時就全部攝入了。雖然這個例子不圓滿，但多少可讓我們了解。

在佛法中為什麼要講「無有分別」？因為思惟分別本身絕對不能了知實相。一切思惟、分別的止息不是變成白痴，而是讓我們的心變成如同大圓鏡智一般，進入海印三昧，或是在《華嚴經》中的「性起」——法界性起。所以，「若起不起，不起即是性起。」若一切妄念分別不再生起，就是若起不起，不起就是性起，整個法界全體現起，這時才是智慧周遍法界的境界。

因此，如何了悟全體？只有用全體去了悟全體。全體涵蓋時間、空間、一切心及智慧。在《華嚴經》就有描寫這樣的境界，其中所顯現的就是華嚴世界海，十方三世同時炳現，一念攝十世遍含十方，這一念即是無念。在《金剛經》則直接講「無住生心」，六祖惠能大師說「無念」、「般若三昧」。若當下悟入，後面的事根本就不必再講了，而如果能這樣，後面的事情就是平平常常。所以，你問禪師一些問題，他就回答你：「喝茶去。」大家要曉得，他講的是實相的事情。所以說，若起不起，不起即是性起，也就是性起不住，即能圓滿清淨。

因此，我們要如善財童子南詢五十三參一般，學習一切知識、一切智慧；但是，在學習時不必以為它是絕對真實的，因為一切知識的內容都是相對性的，絕對沒有一個永遠不變的知識。我們現在所認識到的宇宙是一個特別的宇宙，現在的宇宙不是宇宙的全貌，而是宇宙中一個特別的宇宙，因為我們生活在其中，所以必須具足這些宇宙的知識，但是，若以為這就是宇宙的一切知識，那就是不了解宇宙的實相。將來在宇宙實相的部分，會寫另一本書繼續探索這個問題。

我們先建立正確的心態：學習一切知識、吸收所有的東西，掌握一切緣起。為什麼又提及「緣起」，「緣起」是什麼？確切地說緣起是如幻、是法性、是空寂，而我們去學習它。假若以為它是真實、是實在、是實有、是不可變的，有這樣的想法，表示我們的智慧已經封閉了，就不能夠掌握它，也就沒有創意了。

我們學習讓我們的心是柔軟、開放的心，是沒有被意識型態約制的心。有些人有很強的意識型態，一天到晚約制別人，叫別人不可以這樣、不可以那樣，但都是一些不相干的瑣事。像我以前就曾經遇到一位歐巴桑，她對我說：「看你拜佛的樣子就知道你不懂佛法！」她說拜佛要用引磬，敲一下時頭要在那裡、再敲一下時手要在哪裡……。我想了半天：奇怪！在印度當時佛陀有用引磬嗎？像在西藏拜佛他們用鈸、用鼓等等也沒有用引磬。這即是代表緣起在各個時代社會的顯現各各不同。很多事情我們要去了解它的緣起因緣，但是我們若不執著一切，有「空」的心、有自在的心，那我們當然要學習現在緣起下的一切世間運作方法。

現在有些說法，把人生定位在學習的人生，面對這樣的定位，首先先要思惟兩個問題：為什麼要學習？學習什麼？

就世間的事情而言有些人想學習政治、有些人學習藝術、有些人學科學、有些人學社會文化方面的，可以用各種方法來學習、表現。如果是佛教徒一位修行人，而在人世間選擇了某個職業，即使如此，其修行的身分、心態是永世不斷的，而職業只不過是做了幾十年就可以退休的。像一些大企業家就比較可憐，八十幾歲了還不能退休，除非他有更高貴的情操——慈悲心：做這些事是為了眾生，是為了創造眾生利益，否則真的很辛苦。

我們要了解，職業是為了讓我們修行、幫助眾生用的。不管我們現在從事何種職業，只要是正業都很好、很歡喜，但是不要執著，也因為不要執著所以才能做得好。不要執著是什麼意思？就是「當一天和尚撞一天鐘」。就是恰如緣起的來從事你應該做的事情。不斷學習、不斷抉擇這世界該做的事什麼。

佛教徒最好能從事生命的服務業，其他生命有哪些地方需要服務他就去服務。以後社會上就多一些創造職業的人。

從自心圓滿到外境圓滿

我們以性起不住不執著的心來學習一切善法，來實踐我們的未來淨土理想世界計畫。淨土計畫的圓滿就是指我們的心、身體、呼吸的圓滿，隨時隨地要注意使身體淨定、呼吸平穩，心解脫、息解脫、身也解脫，而且連外境也解脫。我們的心、息、身都解脫，外境的時間、空間、環境都解脫。不止解脫，更要到達圓滿的境界。我們努力去創造使之圓滿，用出世間的心來攝世間；用平等的法性來攝一切緣起的差別現象，來學習一切緣起；用世間來圓滿一切出世間，世出世間都要圓滿具足，用緣起來證得法性。

以佛法的觀點說，就是讓我們的本覺、心的本覺、胎藏的佛性、法身的清淨藏、如來藏與諸佛覺悟的心相合，即胎藏界與金剛界兩者的智慧相應相合，造成本覺和始覺的相應，也就是子母光明交會。如同《華嚴經》〈世主妙嚴品〉中如來出現、正覺圓滿的世間出現，佛陀在其中教化一切，整個清淨世間也已成就。佛陀成就時，這些眷屬、聖者全部起來讚頌，而清淨的世界、真實的世界就現起，一切外在也都圓滿，而佛陀出現來告訴大家，他自身是如何修行成就的。

《華嚴經》這部經典所展現的，是一個生命成證圓滿的過程，即釋迦牟尼佛在宇宙中不斷修證、修行的過程記錄。在因位上的代表是善財（發心位），修行位是普賢，圓滿位則是毘盧遮那佛。我們每個人可以學習當善財；在實踐路上即是普賢菩薩；當每個人圓滿了即是毘盧遮那佛。所以，《華嚴經》可說是宇宙中一切生命圓滿自身，與創造圓滿世界的一部奮鬥史。它是我們每個人的傳記，當我們每個人努力讓未來幸福圓滿，我們自身就重寫一部《華嚴經》。

另外一部密教的經典：《金剛頂經》記載，從胎藏至成

未來理想世界是心、身與外境的圓滿

佛，在我們成佛的那一剎那，我們忽然了解——我會成佛原來是佛性具足。不是有個佛性必然會成佛，而是我們有成佛的可能性才能成佛。所以，在成佛剎那還照一看——原來我有佛性，佛性是根本、是根本佛，是一切佛的根本。這佛性在藏密稱為第六金剛持，在紅教中就是「普賢王如來」、「本初普賢」。有些人錯以為那是指宇宙中的第一尊佛，這樣一錯謬就把他當成了大梵，這是不對的。宇宙第一尊佛是不存在的，只有我們在證悟成佛的那一剎那回觀才知道原來這是佛的根本。是每個人境界當中所見。

從第六金剛持化生成就中間的毘盧遮那如來，而毘盧遮那如來，成就五智，化生四大如來，五方佛就這樣形成。四方佛再獻供養境給毘盧遮那佛，所以有四大菩薩，一切供養境都出現了。毘盧遮那佛再化現十六菩薩給四方佛，這一切都是如幻如化海印三昧的境界。在金剛佛頂現起就是一心，智慧圓具，子母光明相會的結果。

如此，淨土成立了，佛也成立了。我們就是要這樣：我們要在娑婆世界成就淨土，在這裡使一切眾生成佛。一切眾生成佛時，這世界成為蓮華藏世界海，這一切世間都圓滿。這時所有幻化戲劇都出現了，每個人打坐時很喜樂，有各種圓滿境界，遊戲三昧。這是經典中描寫最圓滿的境界。

正見創造未來合宜的時空

身心、呼吸、外境的圓滿，換個角度即是七大圓滿清淨。七大是四大：地、水、火、風，再加上空大為五大；五大再加上識大就是密教的六大緣起；而七大緣起則出自於《楞嚴經》，也就是六大再加上從意識中再出生正見的見大，共為七大。

到最後還是要強調第七大——見大，正見是指導我們身心的一切，與所有的修行。而地、水、火、風、空、識這六大是構成我們自身及外在、物質與精神的要素，再加上正見，是使這樣的組合再加上一個正確的方向引導，否則物質與精神要素都具足，卻用錯誤的觀念來行一切的行為動作，恐怕也是枉然，正確的見地引導其至清淨圓滿，最後七大都圓滿之清淨。

正見就是前面所說的以空、三法印、無我、用一實相印來從事大悲運動。用正見來指導我們的意識，我們有正知見，有正知見就知道該怎麼做、如何做；用正見來指導我們的身體——地、水、火、風、空來施行一切。一方面以正見指導我們的意識——識，一方面把地、水、火、風、空的條件結合起來，我們用意識來了知，來設計，這設計本身是來自正見的，好比蓋房子要建得堅固、安全、漂亮、舒適，讓它的外觀看起來順眼，而住在裡面的人也能安穩。如果是蓋監獄也可以研究牆壁要漆上什麼顏色群眾的人才會比較安穩而不易暴動。所以，任何方面都可研究，只要是依正見的方向，對你我有益的就可以去從事。

其實現在幾乎所有東西的設計都是來自無明，其背後都是來自貪、瞋、痴、慢、疑的心。像很多商品行銷廣告提出買什麼就再送什麼的方式來吸引顧客，這就是運用人們的貪！而設計的理念就來自：「如何吸引、激起所有的人更多的貪欲」。在資本主義社會中尤其無法避免這種現象，在這樣的運作中如何加入智慧，是很值得探索深思的。

最主要是內在方面，我們要以正見來指導意識，不要任由虛妄的無明、自我執著來運作，外在方面則因為以正見指導的緣故，使我們能夠設計出適合人類生命發展的最恰當的事物，能平衡地、和合處理環境生態、不激發過度的貪欲，但還是能讓人生存得很恰當的、使用的很安心的……等等。這理念內容也是可以不斷探索的。它延伸的範圍從我們日常生活的食、衣、住、行到娛樂、教育，房子的造形景觀是否人性化，是否能令人安然無恙？是否能增加和諧？如果一間房子能以這樣的思惟來建造設計，就令人歡喜，就讓人看了心宜，住起來也安心。

世界上很多的問題都來自於「貪」！如果沒有「心毒」就

沒有「外毒」，心毒到外毒的速度，透過時空因緣——資本主義的社會的快速運作，比過去更快速地顯現。以前一個心念出來要好久才會明顯出現，現在一個心念馬上就產生影響力了，這很可怕！這就是邪見指導其意識來操縱五大。五大是無辜的，整個世間的東西都是一樣的，沒什麼善惡差別，都是無辜的，因是因為被無明的心所趨動而產生不良的後果，但是如何使它清淨，這是我們要努力的。

所以，我們要以正確見地來推動這整個世間，使未來世界淨化。很顯然的，外世間所顯現的一切，其實是我們自心的展現。我們的心髒，世界就髒了；整個地水火風空的災禍，不論是地震、水災、火災、風災、空災，這些災難都是我們的意識相應，只是沒有那麼直接密合能馬上感受到而已。而我們如何來修行？如何超越它？一面要自我身、息、心的修行，大家共同努力修行，不斷傳播、不斷修行來使自身安定；外在要用正見來指導我們的意識設計，設計地、水、火、風、空使它們成為良好的世間材料，如此才能真的建立未來美麗的新世界。

無窮的願力詮釋法界

我們要了解，宇宙的流轉是我們心意識無明所產生的，所以我們要覺悟：宇宙中種種現象，跟我們以對抗的心來詮釋世界有必然的關係，我們的詮釋直接影響宇宙。

有人說：「我們一直在創造未來的世界。」這是事實，但在他們所創造的未來是否真的是利益大家的，恐怕是會有問題的，因為他們是以無明煩惱、沒有空性正見的心，所建立的世界一定還是會產生問題的，沒有如幻為基礎的東西，就是執著，就是會有缺點。或許在某一段時間中看起來好像是好的，但是再過一段時間後遺症就會產生。

所以以如幻開始，用正覺的心來詮釋法界，能夠以正覺的心來詮釋法界時，這法界會整個清淨。而現在人間整個傳播系統，都是在貪、瞋、痴、慢、疑之下運作，所以到後來有很多後遺症產生；但是這種心態，其實是可以改變超越的，要改變它，不是另外建立新的系統，而是在原本的系統中加入解毒劑，這個解毒劑就是注入空性的詮釋。

我很重視詮釋，把空性的詮釋傳播出去就是傳播智慧和悲心的教育，而其傳播本身就是法界力。

所以智慧內容包括了知識內容和空的內容。如果一位菩薩很有智慧卻什麼都不懂，只有總體智慧（空性）而沒有個別的智慧（知識）叫「不成道種智」，這不能算真正的菩薩。菩薩要成就道種智，就是一切世間的智慧他都很有興趣去學習。若是一位菩薩行者說：「世間的事情太亂了，我都不想知道，我根本不想去看、去關心。」那麼，這是菩薩慢。菩薩很關心世事，但不會為其所動搖。他會感動、他會有悲心生起，但不會動搖。

所以，我們要增長智慧有兩個方向，一種是知識內容，其根本是空性。再來就是悲心，依於悲心使整個學習力展現出來，整個對世間的詮釋、空性的詮釋要不斷傳播出去、不斷教育。

讓我們的教育不斷擴展，讓人們學習空的思惟方式、正覺的方式，如此未來清淨的世界就有希望了，我們要用無窮的願力來詮釋法界，讓自心、呼吸、身體與外境及自他全部都圓滿。

展望人間淨土

未來人間淨土的形象，我們現在所談、所思惟的只是其取向，就像未來人間淨土的企劃書，每一個人都可以提出其想法、意見，使其慢慢成形，最後實踐。

未來人間淨土的主體就是當時出世之佛以及其眷屬，如果當時的人間是常寂光土，那麼就是由法身佛所安立，如果再擴大而言，它就是一個實報莊嚴土，人間淨土之佛在其中除了自受用清淨、自受用喜樂之外，也教化一切登地的菩薩，所有的大地菩薩們，在此隨順諸佛修習、增長，不斷地教化淨土的眾生。

再來是聲聞、緣覺眾所居住的寂淨法界，一切二乘聖者在此修習寂靜解脫之道，安住於涅槃，宛如阿閦佛的妙喜世界一般。

再擴大而言，就是凡聖同居土，能與人間淨土相應，有因緣的眾生，安住於此，修習菩提道。

在這裡，我們必須清楚地了解凡聖同居土至少必須包括現前娑婆世界六道四生的眾生，他們其中有些現處在充滿了苦痛的惡道中，如果未來人間淨土無法將其攝受教化，使其又復轉生到染污之處，那麼建立人間淨土又有什麼用處呢？果真如此，我們豈不是建立了一個清淨而封閉的世界，將他們永遠排除在外嗎？

我們建立的人間淨土，至少要融攝現前世界有因有緣的眾生，不斷地教化、不斷地清淨，使其不復墮於惡道，不再作五逆十惡之罪，一切罪惡消弭，使一切貪、瞋、痴、毒消弭，這才是人間淨土。人間淨土成立之後，至少應該如妙喜世界的眾生，無有眾苦；或是如極樂世界的眾生一般，沒有地獄、惡鬼、畜生三種惡趣，其中住民都是菩薩與羅漢，壽命有無量劫。他們面貌端正莊嚴，身形同一，金色照耀，且具宿命通、天眼通、天耳通、他心通、神足通，沒有貪、瞋、痴等念頭。

這樣的生命主體是以人間淨土為主而言。就另一個立場，在娑婆世界中也有許多淨土，如：靈山淨土，釋迦牟尼佛常住靈山，安住於常寂光世界，和人間淨土相應相和。靈山大會，仍未散去，一切大菩薩眾、聖者，仍然在彼處聆聽佛陀教法，即使世間時劫壞盡，靈山淨土還是不壞，因為它是一個真實的金剛清淨之地。如此，實報莊嚴土乃至清淨有餘土具足。將來的人間淨土必然與靈山淨土相應相和，乃至於未來的彌勒佛淨土亦然，彌勒法界亦融攝於人間淨土。

現在在地球上，還有許多菩薩的化土，如：觀世音菩薩的普陀淨土，文殊菩薩安住的金剛窟，乃至《華嚴經》中一切菩薩所顯現的淨土，乃至普賢菩薩、地藏菩薩等等特有的化土，也必然融攝於人間淨土。

除此之外，我們還必須注意到其與釋迦牟尼佛之靈山淨土、彌勒佛之未來人間淨土的關係，還有其與蓮華藏世界世界海的關係。人間淨土的極致，靈山淨土的圓滿，就是證入華藏世界海，蓮華藏世界現前，十方世界都清淨圓滿，這才是人間淨土的實義。

未來文殊菩薩成佛時的淨土是在南方世界，娑婆世界就在他淨土的中心，含攝在其淨土之中。我們要將其他淨土與人間有關係的都列出來，以諸佛菩薩之因緣做為導引，我們在娑婆世界的每一個眾生，都是人間淨土責無旁貸、創建人間淨土之主因，而不是無關痛癢地在描述，我們是當事人，每一個人都是。

每一個人皆是人間淨土的當體

在修習佛法的過程中，很多人都會有一種錯覺，做早晚課時，都沒有把自己當做主體，只是在從事某種行為而已，沒有當體的自覺。我們要知道，每一個人都是人間淨土的當體，就是實踐佛法的當體。

在人間淨土的創立因緣中，每個人都是要無我的，沒有執著的，不能高慢地認為：「只有我能創造人間淨土！」這是不對的。而是每個人都要把創立人間淨土當做當體之責任，每個人都不用推託，每個人都是當體，都是因地發心之菩薩，以無量諸佛為導師，來建立人間淨土。

也許我們早在釋迦牟尼佛住世時就已經發起此願，只是今生不斷相續，不管是在過去諸佛，乃至現在、未來，十方諸佛的面前發起大願行，建立人間淨土，此時我們就已經是人間淨土的當體者了。

過去歷代祖師大德不斷地加持我們，也許我們是其眷屬眾，他們或許也在各種因緣下不斷地轉世，不斷地修持菩薩行，我們為了建立人間淨土，也要不斷地趣入，生生世世修持菩薩行，使人間變成淨土。

有些人可能到他方世界去修學，好比我們出國進修，再回到台灣來加入建設的行列，這些去他方世界修學的菩薩也會再回來加入我們的行列。不管是難行道或易行道者，只要願意加入建造人間淨土的行列，就是人間淨土的當體者。

在建構人間淨土的過程中，以我們的本願為藍圖，大誓莊嚴就是淨土勾勒的根本，我們生生世世不斷修行，不斷努力，不斷使時間、空間改變，使外在依報世間轉變，心轉變，人不斷超越，以菩提心為根本，不斷超越，使世間淨化，勸發更多人來參與這個行列，擴大人間淨土的眷屬，在其中不斷和合增長，使人間淨土不斷擴大，眷屬不斷擴大，成為一群同事的菩薩，這是人間淨土當體者的責任。

具足成就人間淨土的廣大誓願

我們如何具足成就建立人間淨土的廣大誓願呢？

首先，我們必須具足廣大的菩提心願，願力要至廣大、至圓滿，不斷發心，不斷修正，以今日之我革昨日之我，日日增進，日日增長，使我們的願力趨向究竟，如因如緣，使法界產生最大力量，使人間得到最究竟濟度。

願力發起後，悲心要不斷增長，以能維續我們的大願無間。從悲心無間中，我們現見人間種種殺戮，天災人禍，悲慘之事，種種現前修羅世界，我們生起大悲救度之心，從現前緣悲來思惟諸法，如何以法來救濟眾生，使眾生心得平穩，離苦得樂，最後於無緣大悲，宛如佛陀一般，施予眾生永恆無間的濟度，臻於最究竟之圓滿境界。

從悲心中不斷修習種種圓滿智慧，悲心越大，我們能欣學的智慧越大；智慧越大，悲心乃能無所障礙。悲心大能滋潤智慧，智慧大能彰顯悲心大，慈悲與智慧相互圓融，如輪雙軸，兩者相依相圓，快速成就法船，救度眾生。

由願、悲、智，使我們快速昇華，一切染汙去除，使我們所行一切成為殊勝的淨業，我們的身、口、意，隨順著慈悲、智慧，依於大願所行，其中無有我執，無有貪、瞋、痴的雜染，無有我、我所，無有「一切眾生是我救度」、「我能救度一切眾生」的心想，無有「我在建設人間淨土」等種種雜染心想。如果我們能去除這種種雜染，就是《金剛經》中所說的「無住生心」，即是無我。只有以無我來建立人間淨土，才能真實地建立人間淨土，如此人間淨土才是建立在金剛不壞之地，能得圓滿殊勝之成就。

要建立人間淨土，須先發起大願，願人間淨土遍及法界，十方三世同時匯入，在這清淨的人間淨土當中，能遍滿十方法界，使其現前，究竟清淨，融十方三世法界為一法界，一切眾生安置於最究竟圓滿解脫佛國而無所得。除了這個廣大無邊的因緣之外，我們更應該發起誓願，祈願人間淨土成就，不再有貪、瞋、痴、慢、疑等種種惡惱，讓身、口、意業所行種種惡行於剎那間消失，這世間就具足一切清淨、圓滿，不再有欺凌眾惡。生活上，更能具足資生之具，無有匱乏。每個人都安住於殊勝的修行道中，每個人都是於菩提道上修習菩薩行者。

如果我們在這個世界中，無法使一切眾生都發心菩薩道，也要使一切二乘聖人皆匯歸於此，或無法如此，也要使現前人間眾生具足清淨道緣，凡聖同居，人人驅除眾惡，趣向菩提大道，最終圓滿成佛，永不退轉。並以此人間淨土為種子，人人在此，現前修證成就，分布到十方世界，度化一切眾生，使其現前圓滿，幫助十方諸佛建立淨土，使一切淨土究竟圓滿，這就是莊嚴淨土，圓滿眾生。這是一個人間淨土之菩薩行者所應行之事。

當下發起廣大願力

就時節而言，我們何時發願？這是一個究竟因緣。我們應了悟：過去心、現在心、未來心三心不可得，因為時間是虛妄的，是我們一心貪執所呈現，是意識之流所留顯的。就真實究竟的體性義而言，我們在當下發願，當下並沒有時間之點，當下是超越時間的。所謂的「現在」，至少有一個停止的點，當下即是現前，是脫離於時空因緣的。我們不是在過去、現在、未來三世中發願，而是當下即是願具足、願圓滿。

如果我們無法體悟到此甚深之法，那麼在聽聞到人間淨土，了悟到此殊勝境界，就在現前即時發心。我們現前發心，人間淨土於法界中便已建構了，就宛如我們念一句阿彌陀佛，彼此極樂世界的蓮苞就出來了，最後開敷圓成。

我們發願成就人間淨土，人間淨土將於何時成就呢？依一個現觀成就者而言，在發願當下，即見人間淨土圓滿，其器世間清淨圓滿，無有種種傷害，火山不再爆發，地震不再無因無緣而起，造成災害，只會示現祥瑞，不會傷害眾生。大水不會漂沒人間，使人類生命財產受損。不會再有旱災，田地不再乾涸，人人福德增長。大火只會增長光明，使我們溫暖，不會傷害我們，沒有森林大火，沒有紫外線傷害，所有的火都是為人類幸福，使其熟變而已。所有的風災不再現起，颱風、颶風不再吹垮房屋，不會摧毀我們的財產、破壞我們的生活秩序。

整個地界，地、水、火、風、空，在空中不會再有空難，不再有飛機撞山墜毀，不會再散落有毒的化學物品傷害我們。我們所居住的大地，柔軟、肥沃、穩固，能使我們隨意使用，宛如母親般保護眾生，不再有傷害，不再反撲，因為我們已經了悟整個共生的甚深道理，我們了解一切環保護生的立意，大地即是我們心的展現，大地也是出生我們之母，兩者相應相和。水能使我們清淨、清涼，滋潤我們的身心，使我們諸根喜悅。火讓我們產生溫暖，產生能量，一切生活具足安逸。風，微拂身心，使我們舒暢無比，不再有空氣污染，不再含有毒害氣體，使我們諸根愉悅。空間使我們自在舒適，隨我們心意而大小自在如意，讓我們具足安樂。地、水、火、風、空，一切如是安立。

一個現觀成就者，現前觀照如是，並以其強力之心念現觀成就之後，隨其清淨因緣，逐步建構人間淨土，直到其完成。如果一群能如是強力現觀者，同發如是願，自然能使外境隨心而變，在地球上的眾生亦可因此而得到增長。我們發願人間淨土能於剎那間現前，在我們發願剎那，就了知整個人間淨土必然圓成，但也要由我們的大因、大行、大力來使其如實現起，從發心到實踐、圓滿，這三者實是一如的。因此我們了知，在發心當時，人間淨土就圓成了。

人間淨土的座標

在空間座標上，人間淨土於何處安立？人間淨土最小的因緣是我們這個娑婆世界，在娑婆世界中的地球，是我們創立人間淨土的起點。我們要使人間淨土在地球上現前得到成就，使這塊土地成為法的土地、清淨的、身善的土地，不再有任何雜染，其中一切眾生皆安立於菩提道上。如此再由地球擴展到整個娑婆世界，三千大千世界，釋迦牟尼佛所教化之處，讓這個淨土，從人間上達一切天界，欲界四天，色界六天，無色界十八天，使三界清淨。下達整個修羅法界、餓鬼界、地獄界、畜生界，使這些眾生不再有任何雜惱，安住於凡聖同居的境界，沒有三惡道，都是清淨善道，入於菩提因的清淨善道。

更上昇華，安置於解脫知見，能如大阿羅漢等聲聞、緣覺所成就之果德，而且進一步從解脫之道進入菩薩之道，使所有娑婆世界眾生皆安住於清淨菩提，具足菩薩之清淨、大悲，再繼續昇華，使其安住於佛道，整個娑婆世界現前清淨，成為人間淨土，一切眾生圓滿。進一步擴大到無量無邊法界，使一切世界皆成為淨土，一切眾生皆安住於佛地，十方三世，同時攝入。

此地成為淨土之時，我們攝受過去種種苦惱、苦痛，乃至未來一切，現前清淨、三世一如的人間淨土。同時也擴大到十方無量世界，將十方三世全部攝入，讓這個世界成為蓮華藏世界海，成為金剛法界，成為永恆清淨、真實清淨無染的世界。一切諸佛依其願力，於此幻化如實大遊戲，在這之間只有清淨無染的大幻化、大喜樂，這是地上的淨土。

如果我們能具足這淨土，使人間一切都是清淨的佛境，以此供養佛陀，我們所用的一切都是能增長智慧與悲心之悲智雙運的物質，一切食、衣、住、行，皆是隨心清淨現起，一切幻化娛樂，都是在大遊戲三昧中現起的。

就如同金剛界的大日如來一般，他自己化現四方佛，再化現菩薩供養四方佛，四方佛又化現菩薩來供養他，所有供養具都是其智慧心的如幻現起，由其悲心所現起的清淨供養具。

而我們現在人間一切的東西多是貪、瞋、痴所現起。所以有人為圖暴利，出產一些污染、傷害人體的東西，故意欺騙使用的人，這都是雜染的、不清淨的。只有具足智慧、悲心，我們才會了知這一切都是如幻的，才能如實清淨地現起。

廣大的願、落實地行

我們的心不應被時間、空間所縛，但是仍然要依於此時、此地的因緣來相應對修行。修行之人，雖不被時空所限制，但要導引時空因緣走向清淨、圓滿。

我們身處於這個時代，這個空間中的地球，甚至再縮小到台灣，我們應該如實觀照自身周遭的因緣。如果我們只是廣論十方三世因緣，而忽略了身邊的因緣，往往會空有大願而無法落實，這是沒有用的。發願要與生活相應，如此修行才能產生大力，任何理想都要落實在跟前，一步一步做起，否則就是空有理想。

只有具足智慧與悲心，才能將現前人類的貪心化為慈悲，瞋心轉為智慧，痴心轉為信賴。不管如何，一個人間淨土的行者，看到人間這些可悲可憐的情景，立足於我們所生活的大地——台灣，希望發願人間淨土的建設，我們的眼光放大到整個地球，台灣是地球村的一部分，如果整個地球沒有改善，台灣也無法獨善其身，無法獨立清淨。

我們以發願、悲心、智慧來導引，不斷地做，有願無望，只問耕耘，不問收穫，如是行去，不被外境所干擾，清楚地了知外在的狀況，但不為其所擾，心不隨外在情境動亂，只是不斷地發願，不斷地實踐，生生世世地走下去，在什麼地方出生，就在什麼地方走下去。如果人間淨土不完成，我們絕對不停止。

未來人間淨土的形成

我們決定了自己的未來，在每一次的來生，我們發起創造你我美麗的家園的願望，不斷轉世修行，歷世以此發心，相應於時空因緣，不斷地勸發眾生發起建立人間淨土的菩提心，成就人間淨土，成為開創人間淨土之主體。

未來淨土的開拓者

釋迦牟尼佛以一大事因緣出世——開示眾生悟入佛陀的知見，即是使一切眾生圓滿成佛，這是以眾生為主體而言的。事實上，在使一切眾生成佛的歷程中，這個世界也必然因此而清淨。

如果以釋迦牟尼佛在人間開示佛法的主體因緣而言，人間淨土應該是佛陀開啟佛法的主要目的。依這觀點釋迦牟尼佛可以說是人間淨土之開拓者，這是如理如事的。

因為釋迦牟尼佛的啟發，願同發起創建人間淨土者，把一己之生命投入法界大海，發起甚深菩提誓願，以一己之血肉、骨髓，作為創造人間淨土的砂土，在無量時空因緣中，歷次轉世受生，都是為了創造人間淨土，這就是創立人間淨土的廣大眷屬眾。

依佛典記載，未來佛是彌勒佛，如果我們能在彌勒菩薩降生之前，使人間成為淨土，那麼彌勒佛就成為人間淨土的主體。如果不是彌勒佛，而是任何一位佛陀現前受生時，人間淨土已然圓滿，那麼此佛即是當時人間淨土的主體。在這其中，我們不斷祈望、發願，不斷成就，我們決定自己的未來，一心使人間淨土圓滿成就，甚而使其光明遍滿整個法界，遍滿一切處，整個蓮華藏世界海熾然現前，一切法界皆融攝為一體，成為我們現前所見的淨土世界。這應是你我想要創立人間淨土者，廣大無邊虛空無盡的願力吧！

在事相上，我們要創立人間淨土，是為了大悲救度一切眾生，使人間所有苦惱、紛擾能消除。我們現前見到的人間，所出生的種種煩惱、苦痛，如果我們見到這種現象，沒有生起甚深悲憫、悲痛，那麼即是無情之人。無情之人就無以成為大悲菩薩，有情之人則會因為執著而墮入輪迴，而菩薩則是從有情中不斷昇華、圓滿，將其對世間之愛轉成大悲，無我、無我所，從中不斷出生救度的妙行。

從整個歷史上最如實的因緣，從古至今，許多種族之相互侵凌，造成人類重大傷亡，如春秋戰國時代，一次戰爭就殺了幾十萬人，甚至連釋迦牟尼佛的祖國也是因敵國侵略才造成族滅。近代，我們所面臨的已不只是刀劍的殘殺而已，而是核武、毒氣等遠超於古人想像的武器，原子彈、核子彈、中子彈，乃至未來的氫彈，這些剎那間就能將地球化為灰粉的武器不斷問世，人類隨時都處於危機之中。

當人類盛行貪、瞋、痴、慢、疑時，顯現出來就是許多不平等之殘酷事實。如伊索匹亞、越南的難民潮，伊索匹亞就如同現前活生生的鬼嶽，盧安達等地亦然，這些在在顯示了人性的貪婪、愚痴。面對這些，我們如何能無動於衷？如何能不興起救度之心？悲心是我們成佛的根本，是我們救度一切眾生的契機。所以說：般若為諸佛之母，而大悲是諸佛祖母。從大悲生起之後，我們還要善學一切善巧方便、一切智慧、一切諸法來救度眾生。

我們發起大悲，不斷增長，不斷圓滿，學習釋迦牟尼佛生生世世捨身度眾的大悲行，並使自身智慧不斷增長、圓滿具足，以無我的心行廣大救度，使一切救度行能如因如緣，並了知實無眾生可度。

人間淨土成就的因緣

人間淨土成就的因緣就是有人發願要成立人間淨土，發起此心，不再只是計畫與呼籲，而是已經開始實行，就不再只是人間淨土的介紹而已，人間淨土發起文已經是實際的開始。

在這建立的過程中，釋迦牟尼佛是我們最佳的導師，將來下生的彌勒佛也是，乃至未來諸佛都是我們的導師，我們一直不斷實踐，直到人間淨土圓滿。

除此之外，釋迦牟尼佛的靈山淨土也是人間淨土。我們在建立人間淨土的過程中，除了以釋迦牟尼佛為導師外，他的靈山淨土也不斷地加持我們，我們亦不斷地提昇人間、淨化人間，與靈山淨土相應、融攝，如此人間淨土現前。我們可依釋迦牟尼佛之廣大方便來使人間淨土成就。

在《彌勒菩薩所問本願經》中提到彌勒菩薩求道本願：「

使得作佛時，令我國中人民無有諸垢瑕穢，於淫怒痴不大，慇勤奉行十善，我爾乃取無上正覺！」

現在的世界是無法感得彌勒菩薩降生的，只有淨化、昇華之後，人心調柔的國土才與彌勒菩薩相應。在前面提到彌勒菩薩為寶海梵志之弟子毗舍耶無垢時，曾發願於此世間求無上正等正覺，但不是在五濁惡世，而是在人心淨化之後。

五濁是指命濁、眾生濁、煩惱濁、見濁、劫濁。濁是污濁、貪染意。「命濁」是指眾生因煩惱深重，心身交瘁，壽命短促。「眾生濁」是指此世人多弊惡，心身不淨，不好正法。「煩惱濁」是指此世眾生貪欲重，因貪起諍鬥。「見濁」是指眾生知見不正，不奉行正道，邪說盛行。「劫濁」是指此時劫天災人禍相緣而起。這五濁是互相影響的，如果組成此世界的個體都是知見不正、煩惱深重，自然身心交瘁、壽命短暫，那麼整個世界的眾生也都如此，正報低劣，山河大地等依報也會破財，天災人禍相應而起。這樣的世界與彌勒菩薩成佛的因緣是不相合的。

在《中阿含經》卷十三中有如下記載：「

佛告諸比丘：未來久遠人壽八萬歲時，當有佛，名彌勒如來、無所著、等正覺、明行成為、善逝、世間解、無上士、道法御、天人師、號佛、眾祐；猶如我今已成如來、無所著、等正覺、明行成為、善逝、世間解、無上士、道法御、天人師、號佛、眾祐。彼於此世，天及魔、梵、沙門、梵志，從人至天，自知自覺，自作證成就遊；猶如我今於此世，天及魔、梵、沙門、梵志，從人至天，自知自覺，自作證成就遊。彼當說法，初妙、中妙、竟亦妙，有義有文，具足清淨。顯現梵行；猶如我今說法，初妙、中妙、竟亦妙，有義有文，具足清淨，顯現梵行。彼當廣演流布梵行，大會無量，從人至天，善發顯現；猶如我今廣演流布梵行，大會無量，從人至天，善發顯現。彼當有無量百千比丘眾，猶如我今無量百千比丘眾。

爾時，尊者彌勒在彼眾中，於是尊者彌勒即從坐起，偏袒著衣，叉手向佛，白曰：『世尊！我於未來久遠人壽八萬歲時，可得成佛，名彌勒如來、無所著、等正覺、明行成為、善逝、世間解、無上士、道法御、天人師、號佛、眾祐；如今世尊、如來、無所著、等正覺、明行成為、善逝、世間解、無上士、道法御、天人師、號佛、眾祐。我於此世，天及魔、梵、沙門、梵志，從人至天，自知自覺，自作證成就遊；如今世尊於此世，天及魔、梵、沙門、梵志，從人至天，自知自覺，自作證成就遊。我當說法，初妙、中妙、竟亦妙，有義有文，具足清淨。顯現梵行；如今世尊說法，初妙、中妙、竟亦妙，有義有文，具足清淨，顯現梵行。我當廣演流布梵行，大會無量我當有無量百千比丘眾，如今世尊無量百千比丘眾。』

於是，世尊歎彌勒曰：『善哉！善哉！彌勒！汝發心極妙，謂領大眾。所以者何？如汝作是念：世尊！我於未來久遠人壽八萬歲時，可得成佛，名彌勒如來、無所著、等正覺、明行成為、善逝、世間解、無上士、道法御、天人師、號佛、眾祐；如今世尊、如來、無所著、等正覺、明行成為、善逝、世間解、無上士、道法御、天人師、號佛、眾祐。我於此世，天及魔、梵、沙門、梵志，從人至天，自知自覺，自作證成就遊；如今世尊於此世，天及魔、梵、沙門、梵志，從人至天，自知自覺，自作證成就遊。我當說法，初妙、中妙、竟亦妙，有義有文，具足清淨。顯現梵行；如今世尊說法，初妙、中妙、竟亦妙，有義有文，具足清淨，顯現梵行。我當廣演流布梵行，大會無量，從人至天，善發顯現；如今世尊廣演流布梵行，大會無量，從人至天，善發顯現。』

佛復告曰：

『彌勒！汝於未來久遠人壽八萬歲時，當得作佛，名彌勒如來、無所著、等正覺、明行成為、善逝、世間解、無上士、道法御、天人師、號佛、眾祐；猶如我今如來、無所著、等正覺、明行成為、善逝、世間解、無上士、道法御、天人師、號佛、眾祐。汝於此世，天及魔、梵、沙門、梵志，從人至天，自知自覺，自作證成就遊；猶如我今於此世，天及魔、梵、沙門、梵志，從人至天，自知自覺，自作證成就遊。汝當說法，初妙、中妙、竟亦妙，有義有文，具足清淨。顯現梵行；猶如我今說法，初妙、中妙、竟亦妙，有義有文，具足清淨，顯現梵行。汝當廣演流布梵行，大會無量，從人至天，善發顯現；猶如我今廣演流布梵行，大會無量，從人至天，善發顯現。汝當有無量百千比丘眾，猶如我今無量百千比丘眾。』

爾時，尊者阿難執拂侍佛，於是，世尊迴顧告曰：『阿難！汝取金縷織成衣來，我今欲與彌勒比丘。』爾時，尊者阿難受世尊教，即取金縷織成衣來，授與世尊。於是世尊從尊者阿難受此金縷織念衣已，告曰：『彌勒！汝從如來取此金縷織成之衣，施佛、法、眾。所以者何？彌勒！諸如來、無所著、等正覺，為世間護，求義及饒益，求安隱快樂。』

於是尊者彌勒從如來取金縷織成衣而已，施佛、法、眾。」

不止如此，彌勒菩薩於《悲華經》中所發的誓願也是一樣，在這個世界的人心淨化之後，他才降生成佛。

有關彌勒菩薩下生的情形，描述最詳細的是《彌勒菩薩下生經》。

《彌勒下生經》述說彌勒當來下生成佛之事，經中說到：將來久遠時，此閻浮提之地將變得平整如鏡，土地豐熟，人民熾盛，街巷成行，伏藏自然發現諸多珍寶，時氣和適，四時順節，此地人民之身無百八病患，人心均平，皆同一意，言辭一類無差別。

當時有轉輪聖王出世，君臨翅頭城，以正法治化，並有大臣修梵摩Brahmāyu；妻名梵摩越Brahmavati。彌勒菩薩在兜率天觀察因緣相契者為父母，從天上降生，出生時身體是黃金色，具足三十二相八十種好。長成後出家學道，在龍華樹下成道。

彌勒菩薩成道時，在摩竭國界毘提村中雞足山上，自摩訶迦葉手中接受釋尊附囑之法衣。龍華三會，初會度九十六億人，二會度九十四億人，三會度九十二億人，令皆得阿羅漢果，彌勒佛壽八萬四千歲時滅度。

彌勒菩薩的淨土雖然在兜率天，但未來也是在娑婆世界，我們應該趕快淨化世間，迎得彌勒下生來。彌勒佛投生地球的條件，在如是因、如是緣中，必須是地球已經淨化到其投生的因緣，他才會下生，經典上的時間是依此因緣而設定的，是不定的。

我們如果能早些使地球符合這種因緣，彌勒佛就會早點降生。彌勒佛的淨土相對於現在的人間已經是很清淨、很圓滿了，但就一高標準而言，還可以再增上。

未來淨土的藍圖——彌勒淨土

未來人間淨土的景況，佛經中早有記載，描述著未來彌勒淨土的情形，因此，對於未來美好的淨土家園，我們心中可以有著清楚的藍圖，讓我們早日完成未來你我美麗的世界。

首都的樣貌

根據《彌勒下生經》的記載，未來彌勒佛在人間淨土的首都是翅頭末城，長、寬各一千二百由旬，高七由旬，城中自然化生七寶樓閣，窗牖上有寶女，手執真珠羅網，上覆有雜寶，布滿寶鈴，風吹時叮噹作響，如天樂一般。以下逐項介紹翅頭末城：

園林景觀

翅頭末城的園林景觀中都是七寶所成，渠中流漾著各種顏色的水，這種水具有多種功用，喝了之後使人善根增長。彩色水流交互流過，不相妨礙。

《彌勒下生經》記載：「七寶行樹間樹渠泉皆七寶成，流異色水更相映發，交橫徐逝不相妨礙。其岸兩邊純布金沙。」

衛生狀況

翅頭末城的河流兩岸都布滿金沙，街道非常寬廣，清淨如天園一般。這要歸功於兩位維護環境的大功臣——多羅尸棄龍王和跋陀婆羅賒塞迦大夜叉神。

多羅尸棄龍王的王宮靠近翅頭末城，他常在夜半時化作人形，持吉祥瓶灑香汁滋潤土地，使得地面無有塵土，潔淨明亮如油塗一般。跋陀婆羅賒塞迦大夜叉神，則把街道灑掃清淨，守護翅頭末城及其人民。

此外，最特殊的是翅頭末城的衛生設備：一般人大小便時，地上會自動裂開，完畢後閉合，並生出赤色蓮花來掩蓋臭氣。

《彌勒下生經》記載：街巷道陌廣十二里，悉皆清淨猶如天園，掃灑清淨，有大龍王名多羅尸棄，福德威力皆悉具足，其池近城龍王宮殿。如七寶樓顯現於外。常於夜半化作人像，以吉祥瓶盛香色水灑淹塵土，其地潤澤譬如油塗，行人往來無有塵坌。

有大夜叉神名跋陀婆羅賒塞迦，晝夜擁護翅頭末城及諸人

未來淨土世界——敦煌石窟所描繪的彌勒淨土

民灑掃清淨，設有便利地裂受之，受已還合，生赤蓮華以蔽穢氣。

翅頭末城的人民

翅頭末城街巷上處處有明珠柱，其功能猶如現今的路燈一般。只是這明珠柱還會降下寶珠瓔珞，供大家使用，翅頭末城的人民也不會因此相互爭奪，城裡到處有金銀寶物堆積如山，各人隨意取用。

《彌勒下生經》記載：「是時世人福德所致。巷陌處處有明珠柱，光喻於日，四方各照八十由旬，純黃金色，其光照耀晝夜無異，燈燭之明猶若聚墨。香風時來吹明珠柱，雨寶瓔珞，眾人皆用服者，自然如三禪樂，處處皆有金銀珍寶摩尼珠等積用成山，寶山放光普照城內人民，遇者皆悉歡喜發菩提心。」

翅頭末城內治安良好，不須緊閉門戶，也不用設鐵窗、防盜鎖，因為沒有小偷、強盜。此外，也沒有戰爭，沒有旱災、水災、荒年。（其土安隱無有怨賊劫竊之患。城邑聚落無閉門者。亦無衰惱水火刀兵。及諸飢饉毒害之難。）

一般人老了之後，自然會退隱到山林裡，靜靜地念佛，安然而逝。死後多往生大梵天上或是諸佛世界。（是時人民，若年衰老，自然行詣山林樹下，安樂淡泊念佛取盡，命終多生大梵天上及諸佛前。）

未來彌勒淨土的風土人情

鳥類

彌勒淨土的鳥類聚集在池旁四寶所成的階道上，有鵝、鴨、鴛鴦、孔雀、翡翠、鸚鵡、舍利、鳩那羅、耆婆耆婆等鳥。

「鳩那羅」意為「美眼之鳥」，阿育王的太子之別名「鳩那羅」，就是因為他的雙目明澈秀美，酷似鳩那羅鳥而來。

「舍利」又稱「奢利」、「鴝鵒鳥」、「反舌鳥」。此鳥棲息於印度、緬甸、馬來半島，身長約廿五公分，嘴橙色、腳黃色，羽黑色，眼放及後頭部有肉垂，能學人說話。舍利弗的母親就是因為眼睛長得和舍利鳥很像，所以名為舍利。

「耆婆耆婆」又稱「共命鳥」、「生生鳥」，屬於雉的一種，產於北印度，因叫聲而得此名。《雜寶藏經》中提到此鳥鳴聲優美，迅翔輕飛，人面禽身，一身二首，生死相依，故名為「共命鳥」。

除了這些鳥類之外，還有其他不知名的鳥兒在林中出和妙音。

植物

當時的閻浮提中充滿了果樹、香樹，並出產好香。花的種類更是繁多，有大適意華、悅可意華、極大香華、優曇鉢花、大金葉華、七寶葉華、白銀葉華，這些花的花鬚柔軟，狀如天上的絲緞一般。而且會結吉祥果，香味具足，軟如天綿，叢林裡的樹木花草、果實長得又大又茂盛，比帝釋天的園林更美妙。

除了地上的花之外，天空也常雨下天花，有七寶所成之花，鉢頭摩花、優鉢羅花、拘物頭花、分陀利花、曼陀羅花、摩訶曼陀羅花、曼殊沙花、摩訶曼殊沙花。

鉢頭摩華和優鉢羅華均是指蓮花。鉢頭摩華，譯為赤蓮華、紅蓮華、黃蓮華，多指赤蓮華。優鉢羅華則指睡蓮，又作「優鉢華」、「烏怛鉢華」，譯為青蓮華、紅蓮華，以青蓮華最著名。

拘物頭華又作「拘牟頭華」，譯為白蓮華、地喜花，即白睡蓮或紅睡蓮。分陀利華，又作奔荼利華，譯為白蓮華，又稱百葉華、妙好華，也是白色睡蓮的一種。

曼陀羅華，譯為赤華，摩訶曼陀羅華則是大赤華，曼殊沙華，譯為白華，摩訶曼殊沙華則是大白華，這四種華合稱為四種天華，是法華六端相中的第三種瑞相。

除此之外，還有金色的無垢淨光明華、無憂淨慧日光明華、鮮白七日香華、瞻蔔六色香華等等，百千萬種水生、陸生之華，青、黃、赤、白等色，各各放出青白赤黃光，潔香潔淨。

寶藏

未來的彌勒淨土有豐富的寶藏，大致可分為四區，稱為四大藏，每一大藏均圍繞著四億小藏。這四大藏分別是北印度犍馱馱國之伊勒鉢大藏，中印度彌絺羅國之班稠大藏，西印度須賴吒國之賓伽羅大藏，中印度波羅奈國之蠰佉大藏。此四大藏面積廣各有千由旬，其中充滿珍寶，自然地從地湧出，狀如蓮花，各由四大龍王守護。各國人民每經過四年四個月零四天，就可以取一次寶藏，但寶藏卻未曾減少。

平時這些寶藏自然湧出時，人民也不會貪取，視其為瓦石、土塊一般，甚至還認為寶藏是以前眾生自相殘害的起因，偷盜、劫取、欺騙、妄語等惡行的來源。

農作

彌勒淨土的水質極好，味美甘甜，雨水隨時節而降，沒有旱災，所種的稻米味香穗實，種一次可收穫七次，而且穀稼茂盛，沒有雜草，入口即化。具足百味，清香味美，使人吃了力氣充足，這是此土眾生的福報所致。

彌勒淨土的人民

彌勒淨土的人民，諸根恬靜，面貌端正，威相具足，如天上的童子一般。壽命八萬四千歲，女人大概五百歲時才出嫁。此土人民具足智慧、威德，身相美好，力氣勇健，安穩快樂。

這個淨土的人民仍然有大小便利，也須飲食，仍然會衰老。但是前面曾提過良好的衛生設備，一種七穫的稻米，以及年老之後人們就自動到山林中念佛往生的情形看來，仍然比現在我們這個世界好太多了。

彼時淨土沒有竊盜、強劫、戰爭等人禍，城鄉皆如此，不須關閉門戶，也沒有水、火、旱等天災。人民心性慈柔，恭敬和順，諸根調伏，語言謙遜，彼此間的對待就像孩子尊敬父親，母親疼愛孩子一般。這是由於彌勒菩薩慈心教化的緣故。

政治概況

與人間相似的政治組織

在未來的彌勒淨土仍然保有和人間相似的政治型態。這是彌勒淨土的特色之一，也是因應於此地眾生之根性而存在的。一個沒有政治組織的淨土是相應於某些曾受政治迫害、對政治所產生的控制性、破壞性特別恐懼、厭惡的眾生而成立的，不見得整個法界的淨土都如此。

娑婆世界一向是有政治組織的，而且從很早的時候就存在了，一直到彌勒菩薩降生時都會有政治組織存在。政治的清明與混亂關係到眾生和樂與否，在彌勒淨土裡的政治是很清明良善的。

政治組織是隨順著眾生廣大的因緣、共業來成就的。

政治人物應具有什麼樣的風範，在《華嚴經》中提到善財所參訪兩位類型截然不同的國王——無厭足王和大光王：「（善財）漸次遊行，經歷國土、村邑、聚落，至多羅幢城，問無厭足王所在之處，諸人答言：『此王今者在於正殿，坐師子座，宣布法化，調御眾生，可治者治，可攝者攝，罰其罪惡，決其諍訟，撫其孤弱，皆令永斷殺、盜、邪婬，亦令禁止妄言、兩舌、惡口、綺語，又使遠離貪、瞋、邪見。』時，善財童子依眾人語，尋即往詣。

遙見彼王坐那羅延金剛之座，阿僧祇寶以為其足，無量寶像以為莊嚴，金繩為網彌覆其上；如意摩尼以為寶冠莊嚴其首，閻浮檀金以為半月莊嚴其額，帝青摩尼以為耳璫相對垂下，無價摩尼以為瓔珞莊嚴其頸，天妙摩尼以為印釧莊嚴其臂；閻浮壇金以為其蓋，眾寶間錯以為輪輻，大瑠璃寶以為其干，光味摩尼以為其齋，雜寶為鈴恆出妙音，放大光明周遍十方，如是寶蓋而覆其上。

阿那羅王有大力勢，能伏他眾，無能與敵；以離垢繒而繫其頂，十千大臣前後圍遶共理王事。其前復有十萬猛卒，形貌醜惡，衣服褊陋，執持哭仗，攘臂瞋目，眾生見者無不恐怖。無量眾生犯王教敕，或盜他物，或害他命，或侵他妻，或生邪見，或起瞋恨，或懷貪嫉，作如是等種種惡業，身被五縛，將詣王所，隨其所犯而治罰之。或斷手足，或截耳鼻，或挑其目，或斬其首，或剝其皮，或解其體，或以湯煮，或以火焚，或驅上高山推令墮落，有如是等無量楚毒；發聲號叫，譬如眾合大地獄中。

善財見已，作如是念：『我為利益一切眾生，求菩薩行，修菩薩道。今者，此王滅諸善法，作大罪業，逼惱眾生，乃至斷命，曾不顧懼未來惡道。云何於此而欲求法，發大悲心救護眾生？』」

相信大家也會產生同樣的疑問。我們來看看阿那羅王怎麼說：「善男子！我得菩薩如幻解脫。善男子！我此國土所有眾生，多行殺、盜乃至邪見，作餘方便不能令其捨離惡業。善男子！我為調伏彼眾生故，化作惡人造諸罪業受種種苦，令其一切作惡眾生見是已，心生惶恐，心生惶怖、心生厭離、心生怯弱，斷其所作一切惡業，發阿耨多羅三藐三菩提意。善男子！我以如是巧方便哉，令諸眾生，捨十惡業，住十善道，究竟快樂，究竟安隱，究竟住於一切智地。善男子！我身、語、意未曾惱害於一眾生。善男子！如我心者，寧於未來受無間苦，終不發生一念之意與一蚊一蟻而作苦事，況復人耶！人是福田，能生一切諸善法故。」

之後，善財又前行參訪妙光王，這次他看到與前者完全不同的情景：「漸次遊行，見大光王去於所住樓閣不遠四衢道中，坐如意摩尼寶蓮華藏廣大莊嚴師子之座，紺瑠璃寶以為其足，金繒為帳，眾寶為網，上妙天衣以為茵蓐。其王於上結跏趺坐，二十八種大人之相、八十隨好而以嚴身；如真金山，光色熾盛；如淨空白，威光赫奕；如盛滿月，見者清涼；如梵天王，處於梵眾；亦如大海，功德法寶無有邊際；亦如雪山，相好樹林以為嚴飾；亦如大雲，能震法雷，啟悟群品；亦如虛空，顯現種種法門星象；如須彌山，四色普現眾生心海；亦如寶洲，種種智寶充滿其中。

於王座前，有金、銀、瑠璃、摩尼、真珠、珊瑚、琥珀、珂貝、璧玉諸珍寶聚，衣服、瓔珞及諸飲食無量無邊種種充滿。復見無量百千萬億上妙寶車、百千萬億諸天妓樂、百千萬億天諸妙香、百千萬億病緣湯藥資生之具，如是一切悉皆珍好。無量乳牛，蹄角金色；無量千億端正女人，上妙栴檀以塗其體，天衣、瓔珞種種莊嚴，六十四能靡不該練，世情禮則悉皆善解，隨眾生心而以給施。

城邑、聚落、四衢道側，悉置一切資生之具。一一道傍皆有二十億菩薩，以此諸物給施眾生，為欲普攝眾生故，為令眾生歡喜故，為令眾生踴躍故，為令眾生心淨故，為令眾生清涼故，為滅眾生煩惱故，為令眾生知一切義理故，為令眾生入一切智道故，為令眾生捨怨敵心故，為令眾生離身、語惡故，為令眾生拔諸邪見故，為令眾生淨諸業道故。」

妙光王的用意如何呢？

「善男子！我淨修菩薩大慈幢行，我滿足菩薩大悲幢行。善男子！我於無量百千萬億乃至不可說不可說佛所，問難此法，思惟觀察，修習莊嚴。」

「善男子！我以此法為王，以此法教勅，以此法攝受，以此法隨逐世間，以此法引導眾生，以此法令眾生修行，以此法令眾生趣入，以此法與眾生方便，以此法令眾生熏習，以此法令眾生起行，以此法令眾生安住思惟諸法自性，以此法令眾生安住慈心，以慈為主，具足慈力；如是，令住利益心、安樂心、哀愍心、攝受心、守護眾生不捨離心、拔眾生苦無休息心。我以此法令一切眾生畢竟快樂，恆自悅豫，身無諸苦，心得清涼，斷生死愛，樂正法樂，滌煩惱垢，破惡業障，絕生死流，入真法海，斷諸有趣，求一切智，淨諸心海，生不壞信。善男子！我已住此大慈幢行，能以正法教化世間。」

這兩種極端政治人物的典型卻都是佛法的實踐，相應於眾生的需要而存在。

政治不一定是需要存在的，就像有些佛國是不制戒的，如阿賒國。戒律有成文的，有不成文的，有的眾生自然可以達到清淨，就不需要這樣的因緣，有些地方不是一個王者統治，而是共和國的型態，有些地方則是無政府狀態。如果發展得恰當，對眾生都是很有利的。

在一個沒有政府組織的國土。當我們需要公共服務時怎麼辦呢？這是一個很複雜的問題。

經典中理想的王者——轉輪聖王

轉輪聖王又譯為轉輪王、轉輪聖帝、輪王、飛行皇帝。此王擁有七寶，具足四德，統一須彌四洲，以正法治世，國土豐饒，人民和樂。《大毘婆沙論》又將輪王分為金、銀、銅、鐵四種輪王。《法苑珠林》卷四十三更舉出軍輪王、財輪王、法輪王等三種輪王。

轉輪聖王出世之說盛行於釋尊時代，各種經論中提到者也很多。

未來彌勒淨土的政治

未來彌勒淨土的政治型態是政教分立的，由轉輪聖王統一四天下，也就是指東勝身洲、南瞻部洲（舊稱南閻浮提）、西牛貨洲、北俱盧洲。這是古印度人之世界觀，在須彌山四方，七金山與大鐵圍山之間的鹹海中有四大洲。我們所居住的是閻浮提洲，也就是未來人間淨土之所在。

(1)轉輪聖王——蠰佉

當世的轉輪聖王名為蠰佉，這是譯音，也有譯為「儴伽」、「饟佉」、「穰佉」等。蠰佉是一位仁君，他雖擁有武力，卻不以威武治天下，對於自願歸順於治下的小國，他仍然保持其獨立的治權，但教其以正法教化國內人民，使人民不行非法，奉行十善（無有殺生、偷盜、邪淫、兩舌、惡口、妄言、綺語、貪取、嫉妒、邪見等惡行）。

(2)輪王七寶

轉輪聖王具足四種殊勝的功德：《長阿含經》卷十九中記載：「一者長壽不夭無能及者，二者身強無患無能及者，三者顏貌端正無能及者，四者寶藏盈溢無能及者」。此外，輪王還具足七種寶物——金輪寶、白象寶、紺馬寶、神珠寶、玉女寶、藏王寶、七兵將寶。

《長阿含經》〈轉輪聖王品〉曾提到此七寶的內容：

金輪寶具有千輻，色光具足，天匠以天金鑄造而成，不是世間所有。轉輪聖王巡視天下時，以輪寶為前導，輪寶停下來時，轉輪聖王也隨著止駕，以正法化導天下。

「白象寶」是指一毛色純白的象，能飛行四方，輪王常乘著白象出城巡視四方。

「紺馬寶」和象寶一樣是神奇的交通工具，此馬寶毛色紺青，尾巴和馬鬃都是朱色的，和象寶一樣能飛行四方，輪王也常騎著馬寶出城巡視。

「神珠寶」是指摩尼寶珠，它的質地、色澤清澈，沒有瑕疵，在夜裡放出光明，光照一由旬，讓人誤以為是白天。

「玉女寶」就是夫人寶，是理想女性的表徵，經上說其：顏色溶溶，面貌端正，不長不短，不麤不細，不白不黑，不剛不柔，冬則身溫，夏則身涼，舉身毛孔出栴檀香，口出優鉢羅花香，言語柔濡，舉動安詳，先起後坐，不失宜則。這裡並未列出玉女寶的標準，但是由「不長不短」、「不白不黑」等敘述，我們可以得知，這位理想的女性是恰到好處的，在身材、容貌、膚色上，都是相應於當時的審美觀，在舉止方面也是進退得宜，舉止安詳，確實具有第一夫人的風範。

「藏主寶」即是居士寶，這位異人能看到埋藏在地下的寶藏，且知道其有主人否。如果是有主人的寶物，藏王寶會代為守護，如果是沒有主人的寶物，則為輪王所用。

「兵將寶」是指軍事上的奇才，智謀雄猛，英略獨決，善於統領軍隊。

輪王並擁有四兵——象兵、馬兵、車兵、步兵，是印度古代戰場上之四種軍隊，象兵，四人成一隊護象足。馬兵，八人成一隊護馬足。車兵，十六人成一隊護軍車。步兵，三十二人成一隊持兵械。

轉輪聖王治世時，以仁心正法教化，天下昇平、國家富足。雖然擁有世間的福報，但是轉輪聖王卻不沉溺於此。他知道擁有再多的財富，再強的權勢，再長的壽命，總是無法脫出輪迴之苦。如果落入地獄、餓鬼、畜牲三惡道時，連最親近的親人、妻子也救不了，這些財產、權勢又有什麼用呢？況且這個世間是如此無常，人命也終有盡時，應該及早修習佛法，行於梵行才是正途。

如此思惟之後，蠰佉王就帶領了八萬四千大臣出家學道，他的左右大臣栴檀與須曼，王妃、太子也都一起皈依彌勒佛，出家學道。

轉輪聖王是佛法中理想人王的展現型態，但我們會發現經典中的轉輪聖王是很印度式的理想王者，這點我們必須很同情地了解。了解印度的文化因緣、神話因緣，了解這樣的背景及其投射。同時也要注意到：這樣的轉輪聖王是否符合現代？或是須經過某種文化的轉換？我們可以如此體會。

現代需要一位轉輪聖王嗎？我想現代人已經邁入一個共和

時代，或是總統制，總統和轉輪聖王的型態是很類似的。這要如何調整呢？要視當時代的緣起。我們要把經典中世間、出世間的理想抽離出來，和時空相應，而不是硬套的。佛陀當時說的許多東西和這個時代並不相應，並不是他不了解我們這個時代，而是他在兩千多年前的印度說法，必須要用當時的人能了解的語言來說明。我們在讀經的時候必須掌握他的精神，這是最重要的。

彌勒淨土的重點主要是在外在政治組織與內在人心同時昇華，這是未來人間淨土的展現，也點出未來人類自身的進化方向，乃至整個外在人間、世間的淨化路向，從當下當體之人間淨土圓成，進而攝入華嚴世界之圓滿法界。

全佛文化事業有限公司----出版目錄

產 品 目 錄	定價	備註
<密乘心要> $1600/套		
藏密基礎修法與正見--殊勝的成佛之道	$250	
大圓滿之門--秋吉林巴新巖藏法	$350	
藏密仁波切訪問集--如是我聞	$320	
薩迦派上師略傳--佛所行處	$180	
噶舉派上師教言--大手印教言	$180	
民國密宗年鑑	$320	
<淨土修持法>		
淨土修持法1--蓮華藏淨土與極樂世界	$350	
淨土修持法2--諸佛的淨土	$390	
淨土修持法3--菩薩的淨土	$390	
<佛經修持法>		
1.如何修持心經	$200	
2.如何修持金剛經	$260	
3.如何修持阿彌陀經	$200	
4.如何修持藥師經（附CD）	$280	
5.如何修持大悲心陀羅尼經	$220	
6.如何修持阿閦佛國經	$200	
7.如何修持華嚴經	$290	
8.如何修持圓覺經	$220	
9.如何修持法華經	$220	
10.如何修持楞嚴經	$200	
<蓮花生大士全傳> $1880/套		
第一部 蓮花王	$320	
第二部 師子吼聲	$320	
第三部 桑耶大師	$320	
第四部 廣大圓滿	$320	
第五部 無死虹身	$320	

蓮花生大士祈請文集	$280	
<談錫永作品> $2620/套		
1.閒話密宗	$200	
2.西藏密宗占卜法(附占卜卡、骰子)	$450	
3.細說輪迴生死書(上)	$200	
4.細說輪迴生死書(下)	$200	
5.西藏密宗百問	$250	
6.觀世音與大悲咒	$220	
7.佛家名相	$220	
8.密宗名相	$220	
9.佛家宗派	$220	
10.佛家經論--見修法鬘	$180	
11.生與死的禪法	$260	
<佛家經論導讀叢書> $7680/套		
1.雜阿含經導讀	$450	
2.異部宗輪論導讀	$240	
3.大乘成業論導讀	$240	
4.解深密經導讀	$320	
5.阿彌陀經導讀	$320	
6.唯識三十頌導讀	$450	
7.唯識二十論導讀	$300	
8.小品般若經論對讀(上)	$400	
9.小品般若經論對讀(下)	$420	
10.金剛經導讀	$220	
11.心經導讀	$160	
12.中論導讀(上)	$420	
13.中論導讀(下)	$380	
14.楞伽經導讀	$400	
15.法華經導讀(上)	$220	
16.法華經導讀(下)	$240	
17.十地經導讀	$350	
18.大般涅槃經導讀(上)	$280	
19.大般涅槃經導讀(下)	$280	

20.維摩詰經導讀	$220	
21.菩提道次第略論導讀	$450	
22.密續部總建立廣釋導讀	$280	
23.四法寶鬘導讀	$200	
24.因明入正理論導讀(上)	$240	
25.因明入正理論導讀(下)	$200	
<大中觀系列>		
四重源起深般若	$390	
四重源起深般若（增訂版）	$420	
心經內義與究竟義（印度四大論師釋心經）	$350	
《聖入無分別總持經》對勘及研究	$390	
《入楞伽經》梵本新譯	$320	
《寶性論》梵本新譯	$320	
如來藏論集	$330	
如來藏經論研究（三本一套）	$1050	
<寧瑪派叢書>		
大圓滿深慧心髓前行	$520	
敦珠新寶藏前行讚頌	$360	
大中觀論集(上)	$420	
大中觀論集(下)	$420	
正理滴論解義	$560	
甯瑪派次第禪	$420	
辨法法性論--不敗釋論	$395	
辨法法性論--世親釋論	$395	
決定寶燈	$440	
<白話小說>　$2010/套		
1.阿彌陀佛大傳(上)--慈悲蓮華	$320	
2.阿彌陀佛大傳(中)--智慧寶海	$320	
3.阿彌陀佛大傳(下)--極樂世界	$320	
4.地藏菩薩大傳	$380	
5.大空顛狂--濟公禪師大傳(上)	$320	
6.大空顛狂--濟公禪師大傳(下)	$350	

<心靈活泉> $3545/套		
1.慈心觀	$200	
2.拙火瑜伽	$280	
3.不動明王（目前缺書）	$280	
4.準提菩薩	$250	
5.孔雀明王	$260	
6.愛染明王	$260	
7.大白傘蓋佛母息災護佑行法	$295	
8.月輪觀	$240	
9.阿字觀	$240	
10.五輪塔觀	$300	
11.五相成身觀	$320	
12.四大天王	$280	
13.穢積金剛--焚盡煩惱障礙	$290	
<佛教小百科>		
1.佛菩薩的圖像解說(一)	$320	
2.佛菩薩的圖像解說(二)	$280	
3.密教曼荼羅圖典(一)---總論、別尊、西藏	$240	
4.密教曼荼羅圖典(二)----胎藏界(上)	$300	
5.密教曼荼羅圖典(二)----胎藏界(中)	$350	
6.密教曼荼羅圖典(二)----胎藏界(下)	$420	
7.密教曼荼羅圖典(三)----金剛界(上)	$260	
8.密教曼荼羅圖典(三)----金剛界(下)	$260	
9.佛教的真言咒語	$330	
10.天龍八部	$350	
11.觀音寶典	$320	
12.財寶本尊與財神	$350	
13.消災增福本尊	$320	
14.長壽延命本尊	$280	
15.智慧才辯本尊（附CD）	$290	
16.令具威德懷愛本尊	$280	
17.佛教的手印	$290	
18.密教的修法手印(上)	$350	

19.密教的修法手印(下)	$390	
20.簡易學梵字--基礎篇（附CD）	$250	
21.簡易學梵字--進階篇（附CD）	$300	
22.佛教的法器	$290	
23.佛教的持物	$330	
24.佛教的塔婆	$290	
25.中國的佛塔(上)--中國歷代佛塔	$240	
26.中國的佛塔(下)--中國著名佛塔	$240	
27.西藏著名的寺院與佛塔	$330	
28.佛教的動物(上)	$220	
29.佛教的動物(下)	$220	
30.佛教的植物(上)	$220	
31.佛教的植物(下)	$220	
32.佛教的蓮花	$260	
33.佛教的香與香器	$280	
34.佛教的神通	$290	
35.神通的原理與修持	$280	
36.神通感應錄	$250	
37.佛教的念珠	$220	
38.佛教的宗派	$295	
39.佛教的重要經典	$290	
40.佛教的重要名詞解說	$380	
41.佛教的節慶	$260	
42.佛教的護法神	$320	
43.佛教的宇宙觀	$260	
<輕鬆學佛法>		
1.遇見佛陀	$200	
2.如何成爲佛陀的學生－皈依與受戒	$200	
<女性佛教佛經系列>		
1.華嚴經中的女性成就者	$480	
<密宗叢書>		
1.密宗修行要旨	$430	
2.密宗的源流	$240	

3.密宗成佛心要	$240	
4.密法總持　　　　　　　　　　（精裝）	$450	
<密教叢書>		
1.大圓滿傳承源流--藍寶石（上、下一套）	$1300	
<藏傳佛教叢書>		
西藏(上)	$360	
西藏(下)	$450	
1.章嘉國師--若必多吉傳(上)	$260	
2.章嘉國師--若必多吉傳(下)	$260	
3.紅史	$360	
4.蒙古佛教史	$260	
<李潤生作品系列>		
1.佛家輪迴理論(上)	$360	
2.佛家輪迴理論(下)	$390	
3.生活中的佛法--山齋絮語	$390	
4.百論析義(上)--了解中觀哲學、空性無我的重要著作	$450	
5.百論析義(下)--了解中觀哲學、空性無我的重要著作	$480	
6.唯識、因明、禪偈的深層探究（上）	$350	
7.唯識、因明、禪偈的深層探究（下）	$390	
<唯識解讀系列>		
1.成唯識論述記解讀—破執篇（一）	$490	
2.成唯識論述記解讀—破執篇（二）	$650	
3.成唯識論述記解讀—破執篇（三）	$500	
4.成唯識論述記解讀—破執篇（四）	$680	
<黃家樹作品系列>		
1.中觀要義淺說	$290	
<守護佛菩薩系列>		
1.釋迦牟尼佛--人間守護主	$240	
2.阿彌陀佛--平安吉祥	$240	
3.藥師佛--消災延壽（附CD）	$260	
4.大日如來--密教之主	$250	
5.觀音菩薩--大悲守護主（附CD）	$280	

6.文殊菩薩--智慧之主（附CD）	$280	
7.普賢菩薩--廣大行願守護主	$250	
8.地藏菩薩--大願守護主	$250	
9.彌勒菩薩--慈心喜樂守護主	$220	
10.大勢至菩薩--大力守護主	$220	
11.準提菩薩--滿願守護主（附CD）	$260	
12.不動明王--除障守護主	$220	
13.虛空藏菩薩--福德大智守護主（附CD）	$260	
14.毗沙門天王--護世財寶之主	$280	
<達賴喇嘛全傳>		
達賴喇嘛一世--根敦珠巴傳	$250	
達賴喇嘛二世--根敦嘉措傳	$220	
達賴喇嘛三世--索南嘉措傳	$295	
達賴喇嘛四世--雲丹嘉措傳	$220	
達賴喇嘛五世--羅桑嘉措傳（第一函）（上）	$380	
達賴喇嘛五世--羅桑嘉措傳（第一函）（下）	$390	
達賴喇嘛五世--羅桑嘉措傳（第二函）（上）	$250	
達賴喇嘛五世--羅桑嘉措傳（第二函）（下）	$250	
達賴喇嘛五世--羅桑嘉措傳（第三函）（上）	$220	
達賴喇嘛五世--羅桑嘉措傳（第三函）（下）	$220	
<洪老師禪坐教室>		
1.靜坐	$200	
2.放鬆（附導引CD）	$250	
3.妙定功（附導引CD）	$260	
4.妙定功VCD	$295	
5.睡夢（附導引CD）	$240	
6.沒有敵者（附導引CD）	$280	
7.夢瑜伽（附導引CD）	$260	
8.如何培養定力	$200	
<禪生活>		
1.坐禪的原理與方法	$280	
2.以禪養生	$250	
3.內觀禪法—生活中的禪道	$290	

4.禪宗的傳承與參禪方法	$260	
5.禪的開悟境界	$240	
6.禪宗奇才的千古絕唱	$260	
7.禪師的生死藝術	$240	
8.禪師的開悟故事	$260	
9.女禪師的開悟故事（上）	$260	
10.女禪師的開悟故事（下）	$260	
11.以禪療心	$280	
<佛教萬用手冊>		
1.普行本	$380	
2.精行本	$780	
3.莊嚴本	$1200	
<佛教生活藝術>		
1.梵字練習本（一般用）	$100	
2.梵字練習本（書法用）	$160	
3.佛菩薩種子字書寫手帖（一般用）	$160	
4.佛菩薩種子字書寫手帖（書法用）	$160	
5.般若心經（抄經本）	$280/套	
<高階禪觀心要>		
普賢法身之旅—2004年美東弘法記行	$450	
禪觀秘要—高階禪觀心要總集 軟皮精裝	$700	
禪觀秘要—高階禪觀心要總集 精裝	$850	
禪師的手段	$280	

全套購書85折　單冊購書9折（郵購請加掛號郵資60元）
全佛文化事業有限公司　　台北市松江路69巷10號5樓
Buddhall Cultural Enterprise Co.,LTD.
TEL:(02)2508-1731　FAX:(02)2508-1733
郵政劃撥帳號:19203747　全佛文化事業有限公司

生命大學3

關於決定自己的未來

作　　者　洪啟嵩

發 行 人　黃紫婕

責任編輯　吳霈媜

美術設計　Mindy

封面設計　莊心慈

插　　圖　弓　風

出 版 者　普月文化有限公司

地址：台北市松江路69巷10號5樓

永久信箱：台北郵政26-341號信箱

電話：(02)2508-3006　傳真：(02)2508-1733

郵政劃撥：18369144　普月文化有限公司

E-mail：buddhall@ms7.hinet.net

http://www.buddhall.com

行銷代理　紅螞蟻圖書有限公司

地址：台北市內湖區舊宗路2段121巷28之32號4樓

(富頂科技大樓)

電話：(02)2795-3656　傳真：(02)2795-4100

初　　版　2006年8月

定價新臺幣　240元